MANFRED MOHR
Danke für die Lieferung

W0179227

G GOLDMANN
Lesen erleben

Manfred Mohr

# DANKE
# für die
# LIEFERUNG

Wie das Universum uns immer
wieder neu beschenkt

GOLDMANN

Verlagsgruppe Random House FSC® N001967
Das für dieses Buch verwendete FSC®-zertifizierte Papier
*Pamo House* liefert Arctic Paper Mochenwangen GmbH.

1. Auflage
Originalausgabe Dezember 2015
© 2015 Wilhelm Goldmann Verlag, München
in der Verlagsgruppe Random House GmbH
Umschlaggestaltung: UNO Werbeagentur, München
Umschlagmotiv: Getty Images / Tooga
Lektorat: Judith Mark, Freiburg
SSt · Herstellung: cb
Satz: EDV-Fotosatz Huber/Verlagsservice G. Pfeifer, Germering
Druck und Bindung: GGP Media GmbH, Pößneck
Printed in Germany
ISBN: 978-3-442-22134-9

www.goldmann-verlag.de

# Inhalt

# Einleitung

*Du bist deine eigene Grenze,*
*erhebe dich darüber!*

Hafis, persischer Dichter

Das Bestellen beim Universum ist mittlerweile zu einem festen Begriff geworden. Sehr viele Menschen haben sich schon einmal erfolgreich etwas gewünscht. Sei es einen neuen Partner, eine Traumwohnung oder einen neuen Job.

Eine Bestellung beim Universum kann mir aber nur dann vom kosmischen Lieferservice zugestellt werden, wenn ich auch offen dafür bin und seinen Lieferboten wirklich gern empfange. Verschließe ich unentwegt meine Türe, wie sollte mich der himmlische Zustelldienst dann beliefern können? Das für mich gedachte Paket wird dann mit dem Hinweis »Empfänger unbekannt verzogen« versehen und findet im schlimmsten Fall gar nicht mehr zu mir.

Meine Erreichbarkeit ist darum oberste Grundlage für die Lieferung einer Bestellung. Ganz grundsätzlich könnte man sogar sagen: Um etwas bekommen zu können, muss ich es auch annehmen wollen. Was bei einer Bestellung so selbstverständlich erscheint, kann sogar als ein regelrechtes Lebensprinzip angesehen werden: Ich kann nur dort etwas erhalten, wo ich auch offen dafür bin. Um mich überhaupt vom Leben beschenkt fühlen zu können, muss ich mich darum zuerst in der Disziplin Annehmen üben. Und das ist schwerer, als es auf den ersten Blick erscheint. Vielleicht bin ich am Ende von meiner inneren Haltung her sogar ein verkappter Annahme-Verweigerer? Schauen wir hier doch einmal genauer hin.

Denn es ist zutiefst natürlich und weit verbreitet, gegen die Umstände des eigenen Lebens unentwegt anzukämpfen, zu klagen und dagegen zu sein. Wir sind damit aber in einer Haltung der Ablehnung all dessen, was uns stört und was wir nicht wollen. Innerlich sind wir dann so sehr auf Ablehnung eingestimmt, dass es uns selbst schon gar nicht mehr auffällt. Ablehnung ist dummerweise das genaue Gegenteil von Annahme. Beide sind wie durch eine Art Kippschalter untrennbar miteinander verbunden. Dieser Schalter steht entweder auf »an«, oder auf »aus«. Ich stelle ihn allein durch meine innere Haltung auf seine jeweilige Position.

In meinem letzten Buch zum Wünschen, *Bestellung nicht angekommen*, bin ich näher auf diese Kraft der Ablehnung eingegangen. Sie bestimmt sehr stark, ob meine Wünsche Wirklichkeit werden können. Denn Ablehnungen sind in sich unbewusste Bestellungen. Nichts bekommt von mir mehr Energie und Aufmerksamkeit als gerade die Dinge oder Umstände, die ich ablehne. Mein Bewusstsein beschäftigt sich ganz besonders intensiv mit ihnen – und zementiert sie damit.

Das Universum ist grundsätzlich in einer offenen und wohlmeinenden Grundhaltung mir gegenüber. Es lässt mir meinen freien Willen. Darum steht es mir vollkommen frei, das Universum als Klagemauer zu betrachten oder eben als Füllhorn. Im ersten Falle bleibe ich Opfer meiner Lebensumstände und verzweifle schier daran. Das Leben wird zum Problem. Im anderen Falle aber, wenn ich die Ablehnungen in mir erkenne und in Akzeptanz verwandeln kann, werde ich immer mehr zum selbst bestimmenden, Verantwortung ausübenden Schöpfer meines Lebens.

Wir haben als Menschen vom Universum alle Zutaten für ein glückliches Leben geschenkt bekommen. Akzeptanz und Annahme könnten für uns zu den wichtigsten Kochkünsten werden, um uns daraus die allerbeste Mahlzeit zu kreieren: ein Leben, das uns wirklich schmeckt.

Ein wenig scheint es mir nämlich, als wären wir in unserem Umgang mit dem Leben noch in der Steinzeit stecken geblieben. Wir haben es zumeist noch nicht gelernt, uns ein gutes »Lebenssüppchen« zu kochen. Dann stoßen wir auf unserem Lebensweg vielleicht zufällig auf ein paar Früchte oder Beeren, die wir eher nebenbei auflesen. Später finden wir auch ein Vogelnest mit rohen Eiern und schlürfen sie einfach aus. Genuss sieht anders aus.

Dabei stehen jedem von uns alle notwendigen Zutaten zur Verfügung, die wir für ein reichhaltiges Mahl brauchen. Mit ein wenig Übung können wir sogar ein Gourmetmenü daraus zaubern. Akzeptanz kann uns sinnbildlich den Sprung in eine neue Dimension erlauben, in der wir das Feuer entdecken, um unser Essen endlich auch zu erhitzen. Nur so kann unser Mahl erst wirklich schmackhaft für uns werden. Wir lernen, das Beste aus den Zutaten unseres Lebens zu machen. Aus dem, was uns unentwegt geliefert wird.

Für diejenigen Leser, die das Bestellen erst seit kurzem kennen, stelle ich es am Anfang noch einmal kurz vor. Wie in einer Schule durchlaufe ich auch beim Wünschen verschiedene Klassen oder Stufen, die jede für sich durch eine bestimmte Form von Akzeptanz gekennzeichnet sind. Da Bestellungen nicht funktionieren, wo ich zu sehr ablehne, können sie für mich zu einer Art Indikator dafür werden, wie sehr ich schon zur Annahme gefunden habe.

Weil Annahme und Akzeptanz nur andere Worte für Liebe sind, können sie nur dort wirklich wachsen, wo ich selbst immer mehr in die Selbstliebe finde. Wie sehr akzeptiere ich mich bereits selbst? Wo lehne ich mich noch ab, und wo mag ich mich noch rein gar nicht? Das Dumme daran ist: Dort, wo ich mich selbst nicht mag, mag das Universum mich auch nicht. Es schaut schon sehr genau hin, wie weit es mit meiner Selbstliebe her ist.

Akzeptanz kann mir ganz besonders dabei helfen, mich mit anderen Menschen zu versöhnen. Sie unterstützt mich bei der Lösung von Problemen und schafft inneren Frieden in mir. Schließlich gelingt es mir mit ihrer Hilfe vielleicht sogar, das

Leben als solches zu akzeptieren und es zu meinem besten Freund zu machen. Eine erfüllte Bestellung ist dann gewissermaßen die Krönung dieser Freundschaft. Und das ganze Leben wird zu einem Geschenk.

*Manfred Mohr*

# 1

## Was ist eine Bestellung beim Universum?

*Behandle deine Gedanken wie Gäste und deine Wünsche wie Kinder.*

Chinesische Weisheit

*Sehr viele Menschen kennen es schon, das Bestellen beim Universum. Und die allermeisten von uns haben sich bereits einmal erfolgreich etwas gewünscht. »Sich etwas bestellen« als Synonym für »sich etwas wünschen« ist sogar schon in unseren Alltags-Wortschatz übergegangen. Trotzdem ist es mir an dieser Stelle noch einmal wichtig, das Bestellen kurz vorzustellen.*

*Denn wenn etwas so einfach erscheint, wie eine Bestellung ans Universum zu senden, dann liegt die Tücke zumeist im Detail. Jeder kann es, die meisten haben es bereits probiert, und das mit sehr vielversprechendem Erfolg. Ich möchte daher zunächst die grundsätzlichen Bestellregeln noch einmal aufführen und dann zu den Neuerungen beim Wünschen überleiten, die ich vor allem in meinem Buch* Bestellung nicht angekommen *beschrieben habe. Dort bin ich auf die größten Irrtümer beim Wünschen eingegangen, die dazu führen, dass Bestellungen oft nicht ausgeliefert werden können. Zu guter Letzt gehe ich in diesem Kapitel auf das*

*Thema Akzeptanz ein, und darauf, wie das Universum uns immer wieder aufs Neue beschenkt.*

Wie bei einem Hausbau ist in den letzten Jahren in Sachen »Bestellungen beim Universum« Stein auf Stein gesetzt worden. Die Bücher zu diesem Thema haben langsam, aber stetig ein ganzes Denkgebäude errichtet, das allmählich bezugsfertig wird. In diesem Kapitel möchte ich die Entwicklungsgeschichte des Bestellens in einem zusammenfassenden Überblick erläutern. *Danke für die Lieferung* ist eine Art Richtfest für mich, mit dem der Abschluss der grundlegenden Bauarbeiten gefeiert werden darf. Das Universum hat mich reich damit beschenkt, am stetigen Werdegang der Bestellungen mitwirken zu dürfen. Ich bin dankbar dafür, dass ich als ausführendes Organ seine Feder führen durfte!

## Das Fundament:
## Das Bestellen in seiner ersten Form

Bereits 17 Jahre ist es heute her, dass meine verstorbene Frau Bärbel mit ihrem Bestseller *Bestellungen beim Universum* 1998 einen Überraschungserfolg landete. Fast über Nacht machte sie ein Fernsehauftritt bei Alfred Biolek bekannt, und das Bestellen war plötzlich in aller Munde. Das Buch war daraufhin viele Monate auf Platz eins der Bestsellerlisten zu finden.

Die fünf wichtigsten Regeln zum Bestellen, die in diesem ersten grundlegenden Buch dargestellt wurden, lauten im Überblick:

1. **Die Kontaktaufnahme:** Eine Bestellung beim Universum aufzugeben ist in etwa genauso einfach wie das ganz normale Bestellen einer Ware per Telefon, per Post oder per Internet. Das »kosmische Versandhaus« hat allerdings keine Anschrift. Wie soll ich es also erreichen? Nun, das muss ich merkwürdigerweise gar nicht. Es ist vielleicht die am seltsamsten anmutende Erfahrung beim Wünschen, dass offenbar das Universum zu mir immer bereits in Kontakt steht, ohne dass ich eigens etwas dafür tun muss. Es ist überflüssig, ihm einen Brief zu schreiben oder zum Handy zu greifen. Ich brauche nur innerlich in Verbindung zu ihm zu treten und meine Bestellung abzusenden. Wenn ich unterstützend meine Wünsche für mich selbst als Brief oder Liste aufschreiben möchte, kann ich dies gern tun. Ich brauche es aber nicht unbedingt. Es hilft mir allerdings vielleicht dabei, mich später an meinen Wunsch zu erinnern, wenn die Lieferung dann eintrifft.

2. **Der Wunschzettel:** Ähnlich, wie es kleine Kinder in der Vorweihnachtszeit tun, sollte ich mir schon darüber klar werden, was der Weihnachtsmann (bzw. das Universum) mir denn eigentlich bescheren soll. Es braucht eine klare Aussa-

ge, was ich denn gerne erhalten möchte. Dieser Wunschzettel kann nur in meinem Kopf aufgeschrieben werden. Es verhilft aber zumeist zu mehr Klarheit, ihn auch noch zu Papier zu bringen.

So, wie ich als Vater meine Kinder gern zum weihnachtlichen Freudenfest beschenken möchte, aber unsicher darüber bin, was ihnen eine wirkliche Freude wäre, so wartet offenbar auch das Universum voller Sehnsucht auf die genauen Wünsche seiner Kinder, die wir nun mal sind. Wenn wir unklar bleiben und unseren Wunsch nur vage und irgendwie »wischiwaschi« formulieren, dann kann es uns nicht verstehen. Dann sendet es uns entweder gar nichts oder das Falsche, da es nichts Besseres weiß. Das Wünschen erfordert eine für das Universum verständliche Ausdrucksweise, die möglichst genau beschreibt, was ich möchte. Dazu gehören Formulierungen ohne Verneinung oder die Verwendung des Wörtchens »nicht«. Denn auch wenn ich tausend Dinge aufzählen würde, die ich nicht möchte, sage ich damit immer noch nichts über die eine Sache, die ich wirklich und in Wahrheit will. So kann das Universum mich nicht beliefern.

3. **Bestell-Details:** Möchte ich beispielsweise ein Auto, dann versteht das Universum meinen Wunsch zwar, aber noch sehr unzureichend. Warum also nicht genauer beschreiben, wie das Auto vor meinem inneren Auge aussieht? Welche Marke,

wie viel PS, welche Farbe, welche Ausstattung soll es haben? Je genauer ich mir das Auto in allen Einzelheiten vorstellen kann, umso besser ist die Beschreibung auch für die Bestellung. Dann weiß das Universum, was es mir liefern soll.

Ich vergleiche es gern mit einem Einkaufszettel für meinen besten Freund: Wenn ich selbst die gewünschte Sache nicht einkaufen kann und darum meinen Freund darum bitte, dann muss er ja auch genau wissen, was er in mein Einkaufskörbchen legen soll. Möchte ich eine bestimmte Buttersorte, dann sollte ich es ihm genau aufschreiben. Sonst kauft er mir eben nur die falsche Butter oder gar keine.

4. **Das Porto nicht vergessen:** Ein hilfreicher Trick beim Bestellen ist die Vorstellung, dass ich das Gewünschte schon in meinem Besitz hätte. Wie wäre dann mein Gefühl? Freude, Glück, Begeisterung? Das Universum »spürt« meine Gefühle in diesem Moment sehr genau, denn ich habe es sozusagen zu mir eingeladen, damit es die Bestellung aufnehmen kann. Ich stelle es mir vor wie einen Ober in einem Restaurant: Wenn ich das Universum rufe, kommt es zu mir, um meinen Wunsch aufzunehmen und bald zu bringen. Wenn ich ein Ober wäre, dann würde ich viel lieber zu einem Gast gehen, der lächelt und mich freundlich herbeiruft und der mir nachher auch ein Trinkgeld gibt. Mein Gefühl zum Zeitpunkt der Bestellung ist eine Art Bezahlung für die himmlischen Lieferboten. Ich schaffe auch eine engere Ver-

bindung zum Universum, wenn ich ihm gegenüber offen und entgegenkommend bin. Hier klingt schon an, welche Rolle Akzeptanz beim Schaffen einer guten und engen Beziehung zum Universum spielen kann.

5. **Der »Bestell-Index«:** Alle kennen sicher aus den Nachrichten den DAX, den Deutschen Aktienindex. Bei einer Bestellung beim Universum verhält es sich ganz ähnlich wie beim Kauf einer Aktie: Ich bin mir nie ganz sicher, wie ihr »Kurs« schwanken wird. So wechselhaft die Börsennotierungen auf dem freien Markt sind, so wechselhaft sind auch meine Gefühle, bezogen auf meinen Wunsch. Heute geht es mir gut damit, morgen sogar noch besser, übermorgen dafür aber ganz mies. Ich beginne, an der ganzen Sache zu zweifeln. Auch meine »Bestellung beim Universum-Index« (BUX) wechselt darum ständig.

So wie versierte Börsenfüchse »vergesse« ich meine Geldanlage darum am besten gleich nach dem Kauf. Ich lege sie gedanklich und in meinen Gefühlen einfach irgendwo sicher ab und schaue erst nach einer kleinen Weile wieder danach. Die jahrelange Erfahrung lehrt, dass es zumeist schon gut gehen wird, trotz der täglichen Kursschwankungen. Also vergesse ich am besten meinen Wunsch gleich nach der Bestellung. Denn das Universum spürt auch meinen Zweifel und denkt: »Na, wenn der so sehr an mir zweifelt, dann zweifle ich auch, ob ich ihn beliefern soll.«

## Das Untergeschoss: Die Rolle der Gefühle beim Bestellen

Kurz nachdem Bärbels erstes Buch erschienen war, lernten wir uns kennen. Da wir uns recht schnell entschlossen hatten, uns ein Nest zu bauen und eine Familie zu gründen, sah ich in den ersten Jahren unseres Familienlebens darin auch meine Hauptaufgabe, die mich voll und ganz ausfüllte. Als unsere Kinder dann in die Schule kamen, begann ich mich vertieft mit der Wirkung von Gefühlen beim Bestellen zu beschäftigen. Die bislang bekannte Form des Wünschens empfand ich als eher technisch und noch sehr geistig geprägt, wie beispielsweise das Positive Denken.

Erste Anhaltspunkte für einen anderen Ansatz fand ich bei den Naturvölkern. Indianische Schamanen etwa sind dafür bekannt, in innigster Verbindung zum Universum zu stehen. Wenn sie die Schöpfung nach einer langen Dürre um Regen bitten, dann verwenden sie dazu all ihre Sinne. Sie fühlen, als sei der Regen schon da:

Sie schmecken den Regen in ihrem Mund.

Sie riechen den typischen Geruch, den erste Regentropfen hervorrufen, die nach langer Trockenheit auf den ausgedörrten Boden fallen.

Sie hören den Regen zur Erde rauschen.

Sie spüren die klatschnasse Kleidung auf ihrem Körper.

Das bedeutet, sie gehen ganz in das Gefühl, als sei der prasselnde Regen jetzt im Moment bereits eine Tatsache. Sie stellen ihn sich nicht nur vor ihrem geistigen Auge vor, nein, sie spüren ihn in jeder Zelle, mit jeder Pore. Sie gehen ganz in den Zustand, als wäre die Bestellung bereits erfüllt. Und dann – das ist der vielleicht wichtigste Punkt daran – danken sie Manitu oder dem Universum dafür, dass sie jetzt im Moment so reich beschenkt wurden. Das bedeutet, die Schamanen wünschen nicht, dass etwas in Zukunft geschehen möge, wie wir es bisher vom Bestellen kannten. Sondern sie sind sich gewiss, es ist schon geschehen, jetzt und im Moment, und bedanken sich in tiefer Gewissheit bereits im Voraus für diese Lieferung. Es ist gewünscht, und es ist damit bereits geschehen. Danke!

In unserem Buch *Fühle mit dem Herzen* (vgl. Literaturverzeichnis im Anhang), das Bärbel und ich dann im Jahr 2007 zu diesem Thema schrieben, erhielten darum die Gefühle einen mindestens ebenso großen Anteil am erfolgreichen Bestellen, wie er bisher nur dem Denken zugesprochen worden war. Beides ist für die gelingende Auslieferung unerlässlich: sowohl die geistig klar formulierte Bitte wie auch das förderliche, unterstützende Gefühl. Wenn ich mir zum Beispiel eine Reise wünsche, dann kann ich daran denken, wie ich zum Flughafen fahre, im Flieger sitze, am Ort ankomme, und wie ich dann am Urlaubsort ans Meer gehe. Die Bestellung wird aber ungleich stärker, wenn ich sie mit Gefühlen fülle und dann schon vorab ein Stück weit erlebe: Wie fühlt sich die Sonne des Südens auf meiner Haut an? Wie schmeckt die salzige Luft des Meeres? Und wie riechen die blühenden Blumen am Wegesrand?

Bestellen ist darum wie eine Reise, die ich antreten möchte: Es braucht das geistig klar umrissene Ziel, das ich erreichen will. Aber ohne den Motor meiner Gefühle bleibe ich auf der Stelle und komme nicht vom Fleck. Das stärkste Gefühl, das ich in mir beim Wünschen kultivieren sollte, ist dabei Liebe oder Akzeptanz. Dies wird eines der Hauptthemen dieses Buches sein.

## Das Erdgeschoss: Ich bin ein Teil des Ganzen

Zwei Jahre später fanden wir heraus, dass die Verbindung der Menschen zum Universum noch stärker ist, als wir bisher noch angenommen hatten. Wir entdeckten bei der Anwendung des hawaiianischen Vergebungsrituals Hooponopono »eine neue Dimension der Realitätsgestaltung«, wie auch der Untertitel unseres damaligen Buches *Cosmic Ordering* verrät. Was wir beim Bestellen im Moment des Wunsches mit Bedacht und Bewusstsein tun, ist grundsätzlich eher eine Dauerverbindung zum Universum, die auch dann besteht, wenn wir nicht bewusst wünschen. Wir sind als Menschen immer in Kontakt zur Schöpfung, einfach weil wir selbst schöpferisch sind, in jedem Moment. Wir nehmen am Leben teil, und durch unsere Handlungen, unsere Gefühle und unsere Gedanken strahlen wir unsere innere Haltung dabei unentwegt in unsere Umwelt aus.

Beim Hooponopono machen wir uns diese ständige Verbindung zum Universum zunutze, indem wir bei einem auftretenden Problem sagen: »Dieses Problem ist in meinem Leben aufgetreten und muss darum alleine deswegen etwas mit mir zu tun haben. Andere Menschen haben andere Probleme als ich. Und den Teil in mir, der mit dem scheinbar nur im Außen gelagerten Problem zu tun hat, den nehme ich in mein Herz. Ich bitte die Liebe in meinem Herzen, diesen Teil zu heilen. Heilt mein Problem in meinem Inneren, dann heilt es auch im Außen, verbessert sich oder löst sich auf.«

Diese Vergebungstechnik wird aufgrund ihrer großen Bedeutung ein eigenes Kapitel in diesem Buch erhalten. Denn es ist unumgänglich zu verstehen, dass auch ein mir geliefertes Problem im Grunde ein Geschenk ist, das es zu akzeptieren gilt. Will es mir doch zeigen, wo ich innerlich noch in Unfrieden und Ablehnung verharre.


## Das erste Stockwerk:
## Die größten Irrtümer beim Wünschen

2014 habe ich mich dann in *Bestellung nicht angekommen* mit den größten Vorurteilen beim Wünschen auseinandergesetzt. Es sind vor allem die in uns vorherrschenden Ablehnungen, die die Auslieferung unserer Wünsche verhindern. Denn manchmal bekommen wir genau das geliefert, was wir gerade nicht wollen. Ablehnungen sind damit unbewusste Bestellungen.

Umgekehrt wird die Fähigkeit, annehmen und akzeptieren zu können, damit zur unumgänglichen Grundvoraussetzung für die Auslieferung eines Wunsches. Ablehnung ist so etwas wie ein Staudamm, der den Fluss des Lebens, der mich immerfort beschenken möchte, staut und von mir ablenkt. Akzeptanz öffnet stattdessen diese Barriere und lässt mich im Strom des Lebens mitschwimmen. Alles, was vorher schwierig erschien, wird auf scheinbar magische Weise plötzlich federleicht. Dann muss ich selbst nichts tun, das Universum tut es für mich.

Akzeptanz verhilft mir schließlich auch dazu zu erkennen, dass meine Bestellungen meine Beziehung zum Universum widerspiegeln. Meine Wünsche werden erfüllt, wenn ich in Einklang mit ihnen stehe. Dankbarkeit, Liebe, Vergebung und Akzeptanz sind Haltungen, die ich in mir kultivieren lernen kann und die mich befähigen, diesen Einklang zur Schöpfung herzustellen.

## Der Dachstuhl: Wie das Universum mich immer wieder neu beschenkt

Schließlich kommen wir in unserer »kleinen Geschichte des Bestellens« beim vorliegenden Buch an. *Danke für die Lieferung* möchte die Quintessenz des Bestellens herausdestillieren: Ich kann nicht nicht bestellen. Die Verbindung zum Universum besteht immer. Alles, was ich erlebe, hat etwas mit mir zu tun. Allein diese Tatsache anzunehmen, führt schließlich zur Erkenntnis, dass ich in sehr vieler Hinsicht selbst Schöpfer meines Schicksals bin. Es gilt zu akzeptieren, dass Bestellungen funktionieren und ich in manchen Bereichen meines Lebens mitgestalten darf. Und es gilt zu akzeptieren, dass in manchen Dingen das Universum letztlich das letzte Wort hat und besser weiß, was wirklich mir und dem Plan meiner Seele entspricht.

Um in Einklang mit dem Universum zu kommen, braucht es die Balance zwischen beidem: der Annahme unserer Fähigkeit, wünschen zu können, und der Annahme der liebevollen Unterstützung durch unser Universum, das uns vor genau die Herausforderungen stellt, die wir gerade auf unserem Lebensweg benötigen. Ich danke für die Lieferung, bei einer erfüllten Bestellung wie auch bei einer Nichterfüllung. Denn das Universum weiß ganz bestimmt am besten, was im Moment gerade richtig und stimmig für mich ist.

**Danke für die Lieferung:** Die schönste und vielleicht eindrucksvollste Lieferung in meinem Leben sind sicher meine Zwillinge. Schon mit Anfang 20 hatte ich mir Kinder gewünscht, am liebsten, so wie die meisten Menschen, ein Mädchen und einen Jungen. Den Klassiker also. Damals kannte ich das Bestellen natürlich noch gar nicht. Als ich dann Bärbel kennenlernte, führte uns die erste gemeinsame Reise nach Indien. Dort sollte es einen lustigen Guru geben, der auch Bayrisch sprach. In dessen Ashram blieben wir dann zwei Wochen. Begleitend las ich dort ein Buch von Mikhael Aivanov, einem bulgarischen spirituellen Lehrer, der dafür plädierte, bei allen Tätigkeiten des Tages die guten Geister einzuladen. Beim Essen, beim Spazierengehen und auch beim Putzen. Ohne mein Wissen lud die experimentierfreudige Bärbel diese Wesen auch beim Sex ein, und neun Monate später waren wir dann Eltern von Zwillingen! Es hatte den guten Geistern wohl sehr gut bei uns gefallen. Nur zu gerne akzeptierte ich die himmlischen Geschenke, denn offenbar war es tatsächlich der richtige Zeitpunkt, Vater zu werden. Die Lieferung kam also erstens anders und zweitens, als ich mir gedacht hatte. Ich hatte schon gar nicht mehr mit Kindern gerechnet. Immerhin musste ich knapp 20 Jahre auf die Erfüllung meines Kinderwunsches warten, darf aber sagen, es hat sich gelohnt!

# 2

## Die fünf Phasen des Bestellens

*Ich meine fast, wenn ich mir mit der
Seele etwas innig wünsche, so erfüllt
das Leben mir solche Wünsche gern.*

Arthur Rubinstein

*Beim Bestellen kommt es sehr auf meine innere Haltung an. Ist
mein Wunsch sehr ego-behaftet, könnte es sogar sein, dass ich jemand anderem damit Schaden zufüge. Zum Glück ist das Universum in der Lage, mir durch die erfüllte oder nicht erfüllte Lieferung zu zeigen, welcher Art ein Wunsch sein sollte. Am besten, er
dient zum Wohle aller Beteiligten.*

*Fast schon automatisch verändert sich mit steigender Erfahrung
auch das Wünschen. Während man anfangs bestellt, was das Zeug
hält, bekommen die Wünsche mit der Zeit mehr Tiefe. Sie verfei-
nern sich, ebenso wie sich das Ego verfeinert. Bestellen ist darum
ganz nebenbei auch als schöner Weg anzusehen, persönlich zu
wachsen und aus dem zunächst selbstverliebten Ego ein gut dres-
siertes Zugpferd zu machen. Das uns dann sogar gerne dabei hilft,
unsere tatsächlichen Ziele zu erreichen.*

Welche Art von Bestellungen sind denn nun eigentlich die besten? Werden nur gut gemeinte Bestellungen geliefert? Oder

erfüllt das Universum vielleicht auch Wünsche, die ich voller Egoismus oder Überheblichkeit abschicke? Gibt es ein Kriterium, anhand dessen ich spüren kann, ob mein Wunsch auch für das Universum in Ordnung war und darum erhört wird?

Auf diese Fragen gibt es keine pauschale Antwort. Es kommt da wohl sehr und vor allem auf den Einzelnen an. Wenn ich in großer Freude wünsche, und aus reinem Herzen, dann steht der Wunsch sicher im Einklang mit dem Universum. Dann bin ich so etwas wie sein ausführendes Organ.

Ebenso ist es, wenn ich für andere Menschen Gutes wünsche, was ja im Grunde im Sinne des Universums ist. Dann will ich für andere das Beste, und nicht für mich selbst. Solche »ego-freien« Wünsche würde das Universum sicher auch unterstützen wollen und als »in Ordnung« betrachten.

Will ich aber stets nur für mich und immer nur noch mehr, dann ist wohl schon das eine oder andere Mal die Gefahr inflationärer Selbstsucht gegeben. Wünsche aus einem großen Ego heraus bergen das Risiko, mitunter keine Rücksicht auf den anderen nehmen zu wollen. Wenn ich mir etwa eine höhere Position oder bessere Bezahlung im Job wünsche, dann ist es mir vielleicht sogar egal, wenn dafür jemand anders weniger verdient oder sogar seine Stelle verliert. Vielleicht helfe ich meinem Wunsch dann sogar etwas nach und denunziere gezielt zum Beispiel einen Kollegen oder Vorgesetzten, um dann dessen Position zu ergattern. Gerade und besonders in der Politik sind solche Anschwärzungen ja vor allem im Wahlkampf durchaus üblich – vielleicht ist auch deshalb das Image der Politiker so ramponiert?

Ist ein Wunsch also offensichtlich oder versteckt zum Schaden eines anderen, dann wird seine Qualität auch nicht mehr ganz so rein sein können. Dann besteht auch die Gefahr, dass ich mir selbst mit diesem Wunsch Unrecht tue. Vielleicht bekomme ich die Führungsposition, die ich wollte. Aber ich habe kein gutes Gefühl dabei. Ich musste mit ansehen, wie mein früherer Vorgesetzter seine Stelle verloren hat, damit ich seinen Platz einnehmen kann.

Es ist sicher ein universelles Gesetz, dass ich selbst erfahre, was ich einem anderen antue. Der Dalai Lama sagt es mit den Worten »Ich kann dich nicht verletzen, ohne mir selbst wehzutun«. Ich würde es so erklären, dass die Schuld, die ich in mir spüre, früher oder später zum Ausdruck kommen muss. Egal, ob ich mir dieser Schuld bewusst bin oder sie ins Unterbewusste verdrängt habe. Weil ich mich schuldig fühle, suche ich mir unbewusst die passende Bestrafung, indem ich mir selbst im Weg stehe. Dann mache ich zum Beispiel in meiner neuen Stelle so viele Fehler, dass ich sie bald darauf wieder verliere. Insgesamt ist sicher klar: Wenn ich mich auf Kosten eines anderen bereichere, kann ich mit dieser Wunscherfüllung nicht glücklich werden. Die Schuld nagt dann innerlich an mir und meinem Selbstbewusstsein. Allgemein, ganz losgelöst von den Bestellungen, möchte ich darum schlussfolgern:

Was ich aussende, erhalte ich zurück.
Im Guten wie im Schlechten.

Wer hat mich dann eigentlich bestraft, sollte ich die gewünschte und gelieferte Stelle wieder verlieren? War es das Schicksal, war ich es selbst? Ich denke, das Universum ist auch hier nur ein Spiegel. Und zwar für mich und meine eigene Absicht hinter dem Wunsch. Sicher, ich könnte denken, Gott hat mich gestraft und Umstände herbeigeführt, die zum Verlust meiner neuen Position geführt haben. Ich verschiebe dann aber meine Verantwortung auf eine andere, höher erscheinende Instanz. Eigentlich war es mein inneres Empfinden einer Schuld, das zum Verlust meiner gewünschten Führungsposition geführt hat.

Damit ergäbe sich dann auch ein Kriterium für den Unterschied zwischen einem Herzenswunsch und einem Egowunsch. Bei einem Herzenswunsch ist meine Seele rein. Bei dieser Art von Bestellung ist die Erfüllung zum Segen für alle Beteiligten und nicht nur für mich selbst. Ich fühle mich glücklich und gänzlich frei von Schuld. Beim Beispiel der Gehaltserhöhung könnte ich mir zusätzlich wünschen, dass meine bessere Bezahlung auch mit Vorteilen für alle anderen Kollegen und Vorgesetzen einhergeht. Etwa, indem ein guter Jahresabschluss der Firma dazu führt, dass alle Angestellten eine Prämie ausgezahlt bekommen. Wenn ich mir mehr Führungsverantwortung bestelle, dann könnte ich weitergehend wünschen, dass auch mein Vorgesetzter, dessen Stelle ich dann bekomme, eine bessere neue Anstellung oder Position findet. Dann wäre ja allen gedient, und ich wäre glücklich.

Typische Egowünsche wären stattdessen, dass ich ausschließlich auf den eigenen Vorteil schaue. Dann bestelle ich mir ein noch größeres Auto, nur weil mein Nachbar gerade ein neues gekauft hat. Oder ich bestelle mir einen großen und teuren Urlaub, damit meine Kollegen neidisch auf mich sind. Es könnte sein, dass ich mir einen nervigen Nachbarn einfach wegwünsche, damit ich endlich in meinem Garten meine Ruhe habe. Oder ich bestelle mir, dass ein schwieriger Lehrer in der Schule meiner Kinder in eine andere Stadt versetzt werden soll, damit ihre Ausbildung besser verläuft.

Um beim Wünschen Schaden für andere Personen abzuwenden, empfiehlt es sich darum, mit dem Zusatz »Ich wünsche dies zum Wohle aller Beteiligten« zu arbeiten. Wirklich glücklich werde ich nämlich mit einem gelieferten Wunsch erst dann, wenn auch alle Menschen um mich herum ebenfalls glücklich sind. Über meinen Gefühlskörper bin ich mit allen anderen Menschen verbunden und spüre insgeheim immer mit, was mein Gegenüber fühlt. Es ist wohl ein Grundbedürfnis von uns Menschen: Wenn es mir gut geht, soll es auch allen anderen ebenso gut gehen. Der Zusatz »Ich wünsche dies zum Wohle aller Beteiligten« kann auch als eine Art Prüfstein für Wünsche verwendet werden: Klingt ein Wunsch irgendwie seltsam, wenn man diesen Zusatz anhängt, ist er vielleicht noch nicht optimal formuliert.

Insgesamt ist das Bestellen ebenso wie alle anderen Beschäftigungen, denen ich als Mensch so nachgehen kann, immer untrennbar mit mir und meinem Ego verbunden. Ich kann in meinem Job egoistisch und rücksichtslos sein, ebenso wie beim Autofahren, wo ich andere Fahrer auf der Autobahn mit der Lichthupe auf die rechte Spur abdränge. Ich kann mein Geld wie Dagobert Duck nur für mich behalten wollen oder, wie etwa Bill Gates es seit Jahren tut, für die Erforschung neuer Medikamente und Therapien gegen Krankheiten einsetzen. All das steht mir frei.

Hinter alledem steht aber die Erfahrung, die Abraham Lincoln in die Worte fasste: »Wenn ich Gutes tue, fühle ich mich gut, wenn ich Schlechtes tue, fühle ich mich schlecht. Das ist meine Religion.«

Genau diese Erfahrung wird mir auch geschenkt, wenn ich mich intensiv mit dem Bestellen beschäftige. Wie in der Schule durchlaufe ich dabei verschiedene Ebenen, die mich dieser Erkenntnis immer näher bringen. Spüre ich in einen Wunsch hinein, dann werde ich bald auch hier bemerken, ob es mir nach seiner Auslieferung besser oder schlechter gehen wird. Dabei finde ich immer mehr zu dem, was ich wirklich möchte, was mein wirklicher Wunsch ist.

Schauen wir uns doch einmal genauer die fünf Ebenen beim Bestellen an, die ich auch selbst durchlaufen habe. Die unteren Ebenen sind dabei ego-betont und darum vielfach noch durch Ablehnungen gekennzeichnet, während die oberen nur durch die Kultivierung von Liebe und Annahme zu erreichen sind. Das Ego nimmt sich dort nicht mehr so wichtig und ist weniger störrisch und wild. Bestellen zu üben kann darum dazu beitragen, das Wildpferd unseres Egos immer mehr zu domestizieren und es irgendwann (zumindest bei den meisten Menschen) zu einem braven Reitpferd zu machen. Dabei finden wir immer mehr auch hin zu Liebe und Akzeptanz. Und zwar in jeder Beziehung: zu uns selbst, zu anderen Menschen und auch zum Universum.

## Phase 1 des Bestellens: Ich bin noch sehr voreingenommen

Am Anfang meiner Laufbahn als »Zauberlehrling des Bestellens« bin ich mit dem Wünschen noch rein gar nicht vertraut. Ich habe zwar schon davon gehört. Eine Freundin war so begeistert von den sich einstellenden Erfolgen, dass sie mir ein Buch darüber schenkte. Aber kann das denn tatsächlich funktionieren? In mir drin herrscht vor allem Skepsis. Soll ich es wirklich einmal ausprobieren?

Grundsätzlich bin ich gegenüber dem Universum voller Ressentiments. Oft schon wurde ich in meinem Leben bitter enttäuscht. Mein Schicksal erscheint mir eher als Belastung. Das Leben ist schwer für mich. Wie kann es der Himmel dann wirklich gut mit mir meinen?

»Darf« ich mir überhaupt etwas wünschen? Bin ich es tatsächlich wert, eine Bitte vom Universum erfüllt zu bekommen? Am Ende komme ich dann vielleicht nicht in den Himmel? Haben nicht viele Generationen meiner Vorfahren in der Kirche gelernt, dass nur der fromme und arme Sünder dorthin kommt? Wie kann ich das vereinbaren mit einem persönlichen Wunsch? Ist das Wünschen für sich selbst nicht durch und durch frevelhaft?

Schaue ich aber genauer hin, dann bin ich mit diesen Zweifeln nicht nur dem Leben und dem Universum, sondern auch mir selbst gegenüber skeptisch. Der Kritiker in mir, mein Ego, hat an allem etwas auszusetzen. Am anderen Menschen, am Leben an sich und ganz bestimmt vor allem auch an mir. Bin ich einmal ehrlich, dann bin ich doch selbst mein größter Kritiker. Immer mache ich alles falsch, immer ist an meinem Verhalten etwas zu verbessern. An allem bei mir finde ich ein Haar in der Suppe. Und weil ich mir selbst gegenüber voreingenommen bin, bin ich es auch gegenüber anderen Menschen. Mir fehlt es grundsätzlich noch an Urvertrauen: in mich, in den anderen Menschen und in das Leben selbst.

Dieses Misstrauen äußert sich in mannigfaltiger Ablehnung. Ich finde mich selbst nicht so toll, habe an anderen Menschen häufig etwas auszusetzen und zerreiße mir auch gern über sie das Maul. Ich soll mir etwas bestellen? Ja, wo um alles in der Welt soll ich da denn anfangen? Eigentlich müsste ich mir doch alles anders wünschen. Denn ich lehne doch alles ab:

mich selbst, den anderen Menschen und das Leben als solches sowieso.

Da ich selbst so ablehnend bin, erlebe ich auch das Universum als Ablehnung. Wieder blicke ich nur in einen Spiegel. Ich bin durch meine Ablehnung getrennt von der Schöpfung, aber auch von der in mir schlummernden Urkraft. Ich erlebe mich darum noch getrennt von mir und meinen Fähigkeiten. Das Bestellen will mich ermuntern, einen neuen Weg einzuschlagen. Na gut, ich probiere es einfach mal! Und schon bin ich in Phase 2 angekommen:

## Phase 2 des Bestellens: Es keimt das Fünkchen Hoffnung in mir

Da schau her! Es funktioniert also tatsächlich. Meine Freundin hatte Recht! Die ersten Wünsche werden geliefert. Die Parkplatz-Bestellung wird zu einem festen Ritual beim Besuch der Innenstadt. Das ist alles neu und überraschend für mich. Das Universum hört mir zu! Irgendwie besteht eine Verbindung zwischen mir und der Schöpfung. Wenn mir der Himmel meine Bestellung liefert, dann kann er so schlecht doch nicht sein. Und ich offenbar auch nicht. Schließlich werden mir meine Wünsche ja erfüllt. Es ist der Anfang einer beginnenden Sympathie zwischen dem Universum und mir. Vielleicht meint es die Schöpfung am Ende ja doch gut mit mir?!

Die in Phase 1 noch vorherrschende Skepsis ist schon auch noch da. Aber allmählich beginnt sie zu schwinden. Meine Ablehnung gegen mich und die Schöpfung wird geringer. Manchmal freue ich mich direkt, am Leben zu sein und an seinen Überraschungen teilhaben zu dürfen.

Ein unbekanntes, neues Gefühl in mir stellt sich ein. Ist es Glück? Ich weiß es selbst noch nicht so recht. Aber die ohnmächtige Hilflosigkeit in mir verringert sich langsam. So ganz getrennt vom Universum bin ich offensichtlich wohl doch nicht. Wo das mit dem Wünschen wohl noch hinführen wird?

## Phase 3: Der beginnende Bestellrausch

Na, wenn das mit dem Wünschen tatsächlich so einfach ist, dann bestelle ich mir doch einfach mal versuchsweise dieses und jenes. Mal schauen, was daraufhin geliefert wird! Ich wünsche in dieser Phase ganz einfach und locker drauflos. Was soll schon passieren? Mehr, als dass der Wunsch nicht erfüllt würde, kann doch nicht geschehen! Das überlasse ich ganz dem Universum.

Plötzlich fällt mir eine ganze Menge ein, was ich an meinem Leben anders und besser haben möchte. Vielleicht eine schönere Wohnung oder nettere Kollegen. Vielleicht finde ich auch endlich meinen Traumpartner. Ich teste verschiedene Techniken des Bestellens aus, experimentiere mit diversen Ritualen und Bestelllisten und entdecke die Rolle meiner Gefühle dabei.

Bald merke ich: Dem Universum ist es am liebsten, wenn ich in kindlicher Naivität und mit großer Begeisterung an die Sache herangehe. Dann gelingt die Wunscherfüllung am besten. Bin ich stattdessen verkrampft oder will ich sogar erzwingen, dass die Bestellung eintrifft, dann verhindert dies den Erfolg zumeist. Offenbar mag die Schöpfung keinen Zwang und kein Drängeln und Quengeln. Das würde mir ja schließlich auch nicht gefallen. Vielleicht ist das Universum am Ende gar nicht so anders als ich selbst? Also beginne ich, mit ihm wie mit einem engen Vertrauten umzugehen. Ich spreche es freundlich an, behandle es pfleglich und fange an, eine richtig gute Beziehung zu ihm zu entwickeln. Ich spreche mit ihm etwa in dieser Art: »Wenn es auch in deinem Sinne ist, dann würde ich mir gerne wünschen, dass …« So gestalte ich meine Verbindung zum Himmel ganz neu. Zweifellos gibt es eine Kontaktmöglichkeit zu ihm. Ich bin wirklich nicht getrennt vom Universum.

Und je besser ich aus der Ablehnung gegen das Leben hinausfinde, umso besser gelingen mir dann letztendlich auch meine Bestellungen. Das Universum wird zu einem guten Kumpel, den ich schätze und zu dem meine Beziehung immer besser wird, je mehr ich ihn akzeptieren kann, wie er ist. Wenn eine Bestellung mal nicht geliefert wird, dann ist das auch okay. Vielleicht hatte die Schöpfung einfach mal keinen so guten Tag. Passiert mir auch. Ist schon in Ordnung.

## Phase 4: Einsetzende Ernüchterung

Auf einmal gelingen mir die schönsten Bestellerfolge. Es ist wie ein Wunder, das Wirklichkeit wird. Ich habe so manche meiner Ablehnungen überwunden und fühle mich immer mehr mit mir und der Umwelt verbunden. Ich werde achtsamer und erlebe mich mehr und mehr als verantwortlich für das, was mir im Außen begegnet, statt mich ständig nur als Opfer des Schicksals zu sehen.

Und doch gelingen nicht alle Bestellungen. Ich beginne zu erkennen, wie sehr meine eigene innere Haltung das Wünschen mitbestimmt. Dort, wo ich gegen etwas bin, ist das Universum auch gegen mich. Ich bin meine eigene Grenze, im Zusammenwirken mit anderen Menschen wie auch beim Bestellen. Beim Bestellen geht es somit weniger um das Aneignen einer bestimmten Technik als vielmehr um die Erkenntnis, dass ich selbst die bestellende Instanz bin. Und meine Einstellung, mein Eingestimmt-Sein auf das Universum, entscheidet vornehmlich über den Erfolg einer Bestellung.

Meine Ablehnungen werden mir bewusst. Ich erkenne: Je mehr ich innerlich gegen etwas gestimmt bin, umso mehr Kraft gebe ich diesem Etwas. Mit dieser Erkenntnis werde ich jedoch auch fähig, diesen Kreislauf zu durchbrechen.

Dort, wo ich ablehne,
lehne ich mich selbst ab.

Die Macht, die unser Ego noch in den ersten Phasen des Wünschens über unser Denken hatte, schwindet nach und nach. Zwar ist das Erlernen von Annahme immer auch ein innerer Kampf mit meinem Ego, aber langsam gewinne ich diese Auseinandersetzung für mich. Sollte mir das aber einmal nicht gelingen, so akzeptiere ich auch dies. Mein Ego ist auch nur ein Teil von mir, den ich anzunehmen lerne. Und wenn es mal über die Stränge schlägt, dann ist das nur normal.

Durch meine schwindende Ablehnung werden meine Beziehungen zu anderen Menschen immer besser. Ich beginne, auch andere Menschen mit in meinen Wunsch einzuschließen. Wenn es mir gut geht, dann sollen die Menschen um mich es auch gut haben. Meine Wünsche sollen ein Segen auch für andere Menschen sein.

## Phase 5: Zu einem Instrument des Universums werden

Diese oberste Ebene des Wünschens ist durch und durch paradox. Sie wird durch die Aussage gekennzeichnet: Die größte Fähigkeit zur Veränderung eines Zustandes in meinem Leben habe ich genau dann, wenn ich diesen Zustand voll und ganz akzeptiere. Ich erkenne, dass Akzeptanz und Annahme die wirksamsten Kräfte der Liebe des Universums darstellen. Bin ich in Liebe, dann wirkt die Liebe der Schöpfung durch mich.

Ich werde zu ihrem Instrument. Ich fühle mich getragen von der Schöpfung und schwimme in ihrem Fluss.

Wenn ich einen Wunsch in meinem Herzen verspüre, weiß ich nicht mehr, ob es mein eigener oder der Wunsch der Schöpfung ist, der durch mich spricht. Solche Wünsche sind nicht mehr egoistisch, sondern dienen dem Wohl aller Beteiligten. Ich fühle mich vom Universum getragen und wünsche mir vor allem, dass dieses Glück so bald wie möglich auch allen Menschen zuteilwerden soll.

Überhaupt wirkt dann die Liebe durch mich und versprüht ihre Kraft in jedem Atemzug. Ich muss nicht mehr jede Einzelheit bestellen, denn mein Kontakt zum Universum ist so stark, dass es auch ohne direkten Wunsch spüren kann, was mein größter Herzenswunsch ist.

Freude in mir zieht noch mehr Freude im Außen an. Das Glück in mir führt zu noch mehr Glück im Außen. Das Universum wird zu meinem besten Freund. Ich fasse Vertrauen, dass alles gut ist. Und dann … wird auch alles gut!

Danke für die Lieferung: Immer, wenn ich in meinem Leben mit viel Egoismus und Überheblichkeit unterwegs war, ließ mich das Universum unmissverständlich wissen, wie wenig es davon hielt. Es überreichte mir dafür postwendend die Quittung. Dafür kommen mir spontan gleich drei Beispiele in den Sinn:

Lange bevor ich die Bestellungen beim Universum kannte, machte ich das erste Mal alleine Urlaub in Spanien. Obwohl ich wusste, wie oft gerade in den Touristenhochburgen Autos aufgebrochen werden, ließ ich all mein Gepäck im Auto. Ich war der festen Überzeugung, dass mir so etwas schon nicht passieren würde. Pustekuchen! Nach einem Stadtrundgang war eine Scheibe meines Autos eingeschlagen und alles geklaut! Ich durfte also Demut lernen: eine Werkstatt finden, das Auto reparieren lassen, die nötigste Kleidung besorgen, den Urlaub auf Sparflamme zu Ende bringen. Zum Glück hatte ich wenigstens meinen Reisepass und Geld eingesteckt!

Ein weiteres Beispiel waren Prüfungen, in denen ich mich einfach zu sicher fühlte. Darum bereitete ich mich erst gar nicht wirklich darauf vor. Zu Beginn meines Studiums musste ich am Ende des ersten Semesters in ein Abschlussgespräch mit meinem Professor, das ich glatt versiebte. Da ich eine sehr gute Klausur geschrieben hatte, nahm ich an, das Gespräch sei nur noch reine Formsache, und lernte zu wenig. Prompt fiel ich durch und verlor ein Semester, bis ich die Prüfung wiederholen durfte.

Ein anderes Mal hatte ich eine Stelle als Umweltberater schon so gut wie sicher. Dachte ich zumindest. Ich war von einem Mitarbeiter der neuen Firma sehr empfohlen worden und ging darum offenbar mit etwas zu viel Selbstsicherheit in das Vorstellungsgespräch. Meinem zukünftigen Chef gefiel das weniger, und ich bekam die Stelle dann vorerst nicht, sondern erst zwei Jahre später. Als ich ein wenig Demut gelernt hatte, muss ich zugeben. Und als ich akzeptieren und sehen konnte, dass ich es selbst war, der mir Steine in den Weg gelegt hatte, und nicht etwa das Universum. Danke auch für diese eher leidvollen Lieferungen!

---

## *Übung 1: Die Liste der Überheblichkeit*

Jetzt aber genug der wenig schmeichelhaften Beispiele aus meinem Leben. Das wird ja langsam peinlich! Kommen wir darum lieber zu dir. Wo in deinem Leben hast du es am nötigen Respekt dem Universum gegenüber mangeln lassen? Wo warst du so voller Überheblichkeit, dir könne nichts geschehen, dass es dir dann doch widerfuhr? Erinnere dich an vergangene Lieferungen, die du vielleicht ein Stück weit selbst mit herbeigeführt hast. Was kannst du heute, rückblickend betrachtet, darüber sagen? Was hast du gelernt? Mach dir gern, wenn du möchtest, eine Liste, durchstöbere alte Tagebücher und lass die Vergangenheit Revue passieren. Welche Bestellung hast du durch mangelnde Demut selbst torpediert?

# 3

## Meine innere Haltung

*Das, was du heute denkst,*
*wirst du morgen sein.*

Buddha

*Universumsbesteller wissen es schon: Am besten funktioniert das Wünschen in freudvoller Erwartung und kindlicher Offenheit. Schauen wir einmal genauer hin, dann verbirgt sich dahinter nicht nur ein wichtiger Kniff für das erfolgreiche Bestellen, sondern sogar für ein glückliches Leben insgesamt. Das Universum fühlt sich ganz besonders von meiner Freude dazu eingeladen, mir gleich noch mehr Freude bereiten zu wollen. Glück zieht noch mehr Glück an, und so kann es sehr hilfreich sein, einmal eine Bestandsaufnahme der wundersamen Fügungen in meinem Leben aufzustellen. Wir neigen nämlich dazu zu vergessen, wie oft das Universum uns immer aufs Neue reich beschenkt hat.*

Im letzten Kapitel haben wir gesehen, dass Überheblichkeit und eine gewisse Arroganz eher hinderlich beim Wünschen sind. Was aber ist die beste Haltung beim Bestellen? Nun, das ist kein Geheimnis, denn diese Einstellung ist bereits in den ersten Büchern von Bärbel beschrieben worden, wenn auch eher nebenbei. Es wird also Zeit, diese scheinbar so nebensächliche Komponente des Wünschens endlich mehr ins Rampenlicht zu stellen. Denn wie kündigt sich normalerweise eine bevorstehende Auslieferung durch das Universum an? Durch scheinbare Zufälle und glückliche Fügungen! Und wie sollte ich darum innerlich gestimmt sein, wenn ein Wunsch mir baldigst zugestellt werden soll? Achtsam, mit offenen Augen für den Lieferboten und in froher Erwartung!

Mit anderen Worten: Mein Gestimmtsein gegenüber dem Universum sollte von Vertrauen und Zuversicht geprägt sein. Vertrauen darauf, dass die Lieferung schon bald in meinem Sichtfeld auftauchen wird. Zuversicht, dass mein Wunsch erfüllt werden wird, mag es auch manchmal eine Weile dauern. Und es wäre hilfreich, wenn ich diese Haltung immer, unabhängig von den Bestellungen, in meinem gesamten Leben einnehmen würde: Alles ist gut. Das Problem wird sich lösen. Ich schaffe das. Ich bin auf einem guten Weg. Es wird sich alles zum Besten fügen.

Bärbel und ihre Lebenseinstellung entsprachen dieser Haltung: Sie war zuversichtlich und lebensfroh. Nun könnte man annehmen, die Erfolge ihrer Bücher und der Bestellungen hätten Bärbel erst dazu gemacht. Es ist aber genau umgekehrt: Es war genau diese grundpositive Einstellung gegenüber dem Leben, die Bärbel das Bestellen neu erfinden ließ. Und erst ihre Lebensfreude ermöglichte ihr auch diesen Erfolg.

Zugegeben, im Auf und Ab des Lebens ist es nicht immer ganz leicht, die Zuversicht zu behalten. Aber es ist wohl eine der Gaben des Älterwerdens, mit größerem Überblick die bereits durchlebten Wellentäler und -berge des Lebens ein wenig gelassener und vertrauensvoller betrachten zu können. Auf jede Nacht folgt ein neuer Tag. Auf jeden Winter der Frühling. Und auf den Abschied ein Neuanfang. Das ist die Erfahrung, die wir machen. Niemals ist der Morgen so nah wie in der finstersten, dunkelsten Nacht. Es folgt dann häufig eine glückliche Wendung oder ein hilfreicher Zufall.

Das Thema Zuversicht verbinde ich persönlich stark mit den USA. Mit Mitte 30 besuchte ich für einige Wochen einen guten Freund in Boston und reiste bei dieser Gelegenheit auch durch Neuengland. Ich sah die Niagarafälle und war in New York, dem Big Apple. Weil das Wetter schlecht war, besuchte ich dort vor allem die Museen und war bass erstaunt: Alle großen Innovationen und Entdeckungen gehen auf Amerikaner zurück! So jedenfalls wird es dort dargestellt. Und es ist auch nicht gelogen. Der Trick ist, ganz einfach nur die Dinge im Museum auszustellen, die wirklich von einem Amerikaner geleistet wurden. Ein amerikanisches Kind, das diese Ausstellung besucht, wird darum voller Stolz auf sein Land blicken. Wie könnte es auch anders sein? Denn die Dinge, die nicht von Amerikanern entdeckt wurden, fallen bei dieser Auswahl ja unter den Tisch.

Mir hat es jedenfalls die Augen geöffnet. Darum also sind viele Amerikaner von einem so tiefen Vertrauen in ihr Land erfüllt. Möglicherweise geht diese Zuversicht schon auf die

Zeiten der Besiedelung Nordamerikas durch die Europäer zurück. Denn es waren wohl vor allem die ganz besonders zuversichtlichen Charaktere, die sich dazu entschlossen, den Sprung über den Großen Teich zu wagen. Sie trauten sich zu, durch ihrer Hände Arbeit den neuen Kontinent zu erschließen. Sie sahen vor allem die ungeahnten Möglichkeiten der Neuen Welt und weniger die Risiken. Sie waren überzeugt, dass das Glück sich schon einstellen würde. Und viele von ihnen sollten Recht behalten.

Glückliche Fügungen kommen aber im Leben sehr vieler Menschen weitaus häufiger vor, als man zunächst annehmen mag. Die meisten von uns bekommen vom Universum zahlreiche Lieferungen, ohne sie je konkret bestellt zu haben. Für mich selbst kann ich sagen, dass mein Leben voll von solchen Geschenken des Universums ist. Beispielsweise war ich eben erst einige Tage zu Vorträgen in Österreich unterwegs, was jedoch leider auch bedeutete, dass ich meinen Sohn nicht zur Geburtstagsfeier eines Schulkameraden fahren konnte. Er wollte versuchen, zu Fuß und mit der Bahn alleine dorthin zu gelangen. Kaum war ich zurück, berichtete er mir grinsend, dass er doch zur Bahn gefahren worden war: Ein Schulfreund sei nach der Schule unerwartet mit zu uns nach Hause gekommen, und dessen Mutter fuhr meinen Sohn dann beim Abholen noch kurz am Bahnhof vorbei, der ohnehin auf ihrem Weg lag.

So könnte ich noch eine ganze Reihe weiterer unerwarteter Lieferungen und guter Fügungen beschreiben, etwa:

- Über einen Sitznachbarn in einer Weiterbildung fand ich eine neue Arbeitsstelle.
- Mein bester Freund auf der Schule überredete mich zum gemeinsamen Chemiestudium. Auch wenn mein Freund nach einem Semester schon das Handtuch warf: Für mich war es ein Glück, denn erst durch ihn kam ich auf den Geschmack und machte mein Studium zu Ende. Wer weiß, was ich ohne den Impuls meines Schulfreundes wohl geworden wäre?
- Meine erste Wohnung in Köln wurde überraschend durch eine neue Bekannte vermittelt, mit der ich eine Gruppenreise über Silvester gemacht hatte.

Ich denke, jeder kennt diese »Zusatz-Überraschungslieferungen«, die wir nur allzu leicht übersehen, weil wir sie ja gar nicht bewusst bestellt hatten.

## Übung 2: Wo hatte ich schon einmal Glück?

Machen wir doch eine Übung daraus: Wo hattest du in deinem Leben schon selbst einmal solch unverhofftes Glück? Wo warst du ein Gustav Gans, dem die Vorsehung die größten Geschenke einfach so überreicht hat? Ich merke gerade, wie viel Spaß es mir macht, mein bisheriges Leben durchzugehen und die glücklichen Zufälle einmal aufzuschreiben. Ganz viele davon habe ich im täglichen Trott ganz einfach aus den Augen verloren. Schreib dir doch auch einmal auf, wie oft du schon unerwartet vom Universum glücklich beschenkt worden bist!

Übrigens begab sich auf meiner erwähnten Amerikareise ein weiterer glücklicher Zufall. Ich bereiste zum Wandern auch die White Mountains und übernachtete ganz in der Nähe eines Museums, das sich dem amerikanischen Dichter Robert Frost widmet. Ähnlich wie ich im Deutschen von der Sprachgewalt Rilkes erschüttert wurde, traf mich auch die stille Kraft der Worte von Robert Frost. Eines seiner bekanntesten Gedichte ist betitelt »The road not taken« (vgl. Literaturverzeichnis) und handelt von einer Situation, die wir alle ganz häufig in unserem Leben antreffen: Ich stehe an einer Wegkreuzung, und es gehen zwei Straßen davon ab. Welche Richtung schlage ich ein? Eine Entscheidung ist zu treffen. Wird sie die richtige sein? Vielleicht werden wir das später niemals mit Gewissheit sagen können. Und manchmal blicken wir wehmütig zurück auf diese Weggabelung in unserem Leben, bei der wir unsere Entscheidung für die eine Straße getroffen haben. Und nicht für die andere.

Auch Frost blickt in seinem Gedicht auf diese Situation zurück und schließt mit der Zuversicht, er habe schlicht und einfach die Straße genommen, die weniger befahren und frequentiert erschien. Und das habe den ganzen Unterschied in seinem Leben gemacht. Er wählte den einsamen Weg, den besonderen, den einzigartigen. Den Weg eben, der ihm am meisten entsprach.

Damit spricht er mir aus der Seele. Denn das deckt sich voll und ganz mit meiner eigenen Erfahrung. Diese Reise durch den Osten von Amerika machte ich damals ebenfalls ganz allein. Ich gehe überhaupt allein durch mein Leben und muss auch meine Entscheidungen für mich selbst treffen. Ganz sicher wäre ich nicht zu dem geworden, der ich heute sein darf, wäre ich immer der Meinung anderer gefolgt.

Heute würde ich sogar sagen, es ist eine regelrechte Notwendigkeit: Der eigene Weg, er muss einsam sein. Wie sollte ich auch meinen eigenen, nur für mich stimmigen und richtigen Weg finden, wenn ich stattdessen in der Herde mitlaufe, ohne mich an mir selbst und meinen Bedürfnissen zu orientieren? Wenn ich nur das tue, was andere tun?

Sehr viele Menschen in den sogenannten »besten Jahren« sind momentan auf der Suche nach ihrer Berufung. Sie suchen den Job, der am besten zu ihnen passt. Der ihnen entspricht. So mancher kam auch bereits zu meinem Wochenendseminar über dieses Thema.

Wie lasse ich mich beschenken von meiner Berufung? Wie finde ich sie? Indem ich den Weg gehe, der einsam ist. Der weniger überlaufen ist. Der mir entspricht. Und entdecke, was mir dort geliefert werden möchte.

Zuversicht zu haben bedeutet damit auch, die getroffene Entscheidung im Nachhinein nicht mehr anzuzweifeln. Ich habe mich bewusst entschlossen für genau diesen Weg. Ich kann mich nicht wie im »Raumschiff Enterprise« in der Zeit zurückbeamen, mein Leben noch einmal führen und diesmal den anderen Weg gehen, der mir seinerzeit auch möglich gewesen wäre. Zuversicht bedeutet vielmehr, zu meiner Wahl und damit zu mir zu stehen und nicht mehr in der Vergangenheit zu wühlen, in dem quälenden Gedanken, ich hätte damals falsch gewählt. Ich stehe zu meiner Wahl. Und ich kann immer, in jedem Moment, neu wählen. Dabei stehen mir immer nicht nur zwei, wie bei Robert Frost, sondern sogar drei Wahlmöglichkeiten zur Verfügung:

1. Ich kann eine Situation, in der ich bin und die mich nicht mehr vollständig erfüllt, verlassen. Dann ziehe ich um oder nehme eine neue Stelle an. Dazu braucht es die Zuversicht, dass ich in der neuen Situation bestehen kann. So wie die Auswanderer nach Amerika sie hatten.

2. Ich kann auf eine Veränderung der unangenehmen Situation hinwirken. Dazu brauche ich ebenfalls die Zuversicht, die Kraft für die Veränderung aus mir heraus mitzubringen.

3. Ich kann meinen Frieden mit der Situation machen und sie voll und ganz akzeptieren. Mit dieser dritten Möglichkeit möchte ich mich im vorliegenden Buch besonders beschäftigen. Hier ist eine Zuversicht verborgen, die nicht so offen zutage tritt wie in den ersten beiden Fällen. Es ist das Vertrauen darauf, dass Akzeptanz aus sich heraus eine Verbesse-

rung herbeiführen kann, die bereits wirkt, ohne dass ich dabei in der normalerweise üblichen Weise tätig werden müsste. Mein Handeln besteht in einer Veränderung meiner inneren Haltung.

**Ich muss nichts verändern außer meiner Einstellung dem Universum gegenüber. Und damit ändert sich alles für mich!**

Zuversicht ist der Schlüssel zur Akzeptanz. Bin ich im festen Vertrauen darauf, dass ich die Probleme in meinem Leben bewältigen kann, dann akzeptiere ich mich und kann voll und ganz verantwortlich für mein Leben werden. Ich habe alles in mir, was ich zur Bewältigung von Herausforderungen brauche. Ich akzeptiere auch die Auf und Abs des Lebens und vertraue darauf, dass es für jedes Problem eine gute Lösung geben wird. Mein Werkzeugkasten für die Reparatur aller auftretenden Schäden in meinem Leben ist ausreichend gefüllt. Und wo ich nicht weiterweiß, da wird das Leben mir helfen. Durch unverhoffte Zufälle und glückliche Wendungen.

Wenn ich meine Berufung finden möchte, ist es ähnlich, wie Robert Frost in seinem Gedicht beschreibt. Ich gehe den Weg, der mir richtig erscheint. In voller Zuversicht. Ich kann mir zwar Tipps und Hilfen bei anderen holen, aber den Weg gehen, das muss ich schon allein. Und die Probleme, die sich mir dabei stellen, mit denen muss ich mich dann auseinandersetzen.

Darum ist der erste Schritt in meine Berufung, keine fremde Meinung mehr über meine eigene zu stellen. Denn das würde bedeuten, jemand anders wüsste besser, was für mich gut und richtig ist. Dann aber habe ich sicherlich nicht die Zuversicht, die Kraft aufzubringen, meinen Weg alleine zu finden, und auch, ihn alleine zu gehen.

**Danke für die Lieferung:** Eine der schönsten Lieferungen, die sich um das Thema Zuversicht und Akzeptanz drehen, ist unser Aupair Paul. Eben erst hat er uns besucht, und obwohl er bereits seit sechs Jahren nicht mehr bei uns lebt und jetzt Umwelttechnik studiert, sind wir ihm noch immer sehr verbunden. Meine Kinder lieben ihn, und wir versuchen, ihn möglichst oft zu sehen.

Um Paul als Kinderbetreuer zu bekommen, war jedoch eine besondere Akzeptanzübung vonnöten. Damals hatten wir gerade ein Mädchen aus Kenia, das sehr still war und mit dem das Zusammenleben sich eher schwierig gestaltete. Die junge Frau war nur in Deutschland, weil sie im Internet einen Mann kennengelernt hatte, den sie heiraten wollte. Um nichts zu überstürzen, machte sie den Umweg über eine Anstellung als Aupair und konnte den Mann so erst einmal am Wochenende näher kennenlernen. Dann kündigte sie bei uns und heiratete.

Wir waren entsetzt und fielen aus allen Wolken. Nun brauchten wir dringend und rasch eine neue Hilfe. Da das Verfahren, Aupairs aus dem Ausland zu bekommen, recht langwierig ist, kamen wir auf die Idee, jemand bereits in Deutschland Arbeitenden zu suchen, der seinerseits wechselwillig war. Wir durchsuchten also die Internetforen und stießen rasch auf Paul. Er war damals seit kurzem in Nürnberg und hatte sogar einen Führerschein. In ihm hatten wir erstmals einen männlichen Betreuer für unsere Kinder, was besonders meinem Sohn gefiel. Bevor Paul auf der Bildfläche erschien, war für uns aber eine große Krise zu bewältigen, deren Lösung erst in der neuen Idee bestand, ein Aupair könnte ja vielleicht schon in Deutschland vor Ort sein. Eine Lieferung über Umwege! So ist das Leben halt manchmal.

# 4

# Was lerne ich in meiner Partnerschaft?

*Sei du selbst die Veränderung, die du dir wünschst für diese Welt.*

Mahatma Gandhi

*Die Ebene, auf der eine Änderung meiner Einstellung am meisten zu bewirken vermag, ist sicherlich meine engste zwischenmenschliche Beziehung. Hier liefert das Universum mir sogar unentwegt, was ich in dieses System »Ich und du« hineingebe. Und darum sind hier auch die überraschendsten Wendungen möglich, wenn es mir gelingt, den anderen immer mehr zu akzeptieren.*

*Mein Partner kann sich nur ändern, wenn ich ihn liebe und akzeptiere. Lehne ich ihn stattdessen ab, so bleibt er, wie er ist. Akzeptanz ist auch hier der Schlüssel zur Lösung. Ich erkenne plötzlich meinen eigenen Anteil am Problem. Wenn ich den anderen ablehne, ändert sich nichts. Er nicht, ich nicht, und damit auch nicht das System, das wir beide darstellen, unsere Ehe oder Partnerschaft.*

*Wie sollte sich auch etwas verändern, wenn du so bleibst, wie du bist? Und darauf wartest, dass der andere endlich den ersten Schritt tut. »Sei du selbst die Veränderung, die du dir wünschst für*

*diese Welt«, sagt darum sehr treffend Mahatma Gandhi. Beginne*
*bei dir selbst, auch und zuerst in deinen engsten Beziehungen.*
*Akzeptanz ist das Wundermittel, das als neue Zutat die alte Kohl-*
*suppe deiner jahrelang abgestandenen Beziehung zu einer Drei-*
*Sterne-Bouillabaisse machen kann!*

Die große Verbundenheit, die wir in der ersten Zeit einer neu-
en Liebe verspüren, ist ein Ausdruck der tiefen Verschmelzung,
die wir Menschen auf der seelischen Ebene untereinander erfahren können. Aufgrund dieser grundlegenden Verbundenheit zu anderen Menschen sind wir in der Lage, intuitiv zu
spüren, wie ein anderer Mensch uns wahrnimmt, einschätzt
und empfindet. Ändern wir darum unsere Einstellung einem
anderen Menschen gegenüber, so nimmt dieser seinerseits die
Veränderung in uns wahr, und unsere Beziehung kann sich
grundsätzlich verbessern.

Die Akzeptanz, die uns auf der Seelenebene verbindet, geht
im Alltag leider häufig verloren. Hier, auf der menschlichen
Ebene, fühlen wir uns überwiegend voneinander getrennt.
Hier müssen wir erst noch lernen, diese Verbundenheit wieder
herzustellen.

Das Getrenntsein von anderen und vom Universum, das wir
immerfort empfinden, entspringt dabei alleine aus uns selbst.
Etwas in uns, das diese seelische Verbundenheit spüren und
herstellen könnte, befindet sich im Tiefschlaf, und es liegt allein an uns, diesen Anteil unserer selbst wieder aufzuwecken.

So wie Schneewittchen vom Prinzen aus dem 100-jährigen Schlaf erweckt wurde. Es liegt an uns, den Zauber der Hexe zu überwinden.

Im Tagesgeschäft unseres Alltags blenden wir die seelische Ebene vorwiegend einfach aus. Sie kann deshalb nur wirken, wenn wir schlafen, tief entspannt sind oder meditative Erfahrungen machen. Zustände, wie sie etwa aus der indischen Tradition als Nirwana oder Samadhi bekannt sind, erleben wir nur, wenn wir in einen tiefen Kontakt zu dieser seelischen Ebene finden.

**Die Trennung vom Universum, die ich verspüre, beruht auf einer Trennung von mir selbst.**

Nur, wie kann ich die Trennung zwischen mir und der Schöpfung überwinden? Durch Liebe! In meiner Deutung bedeutet Liebe, den anderen ganz anzunehmen. So, wie er ist. Dieser Zugang zum anderen gelingt mir über die seelische Ebene, mein Gefühl. Wenn ich jemanden ablehne, dann bedeutet dies umschrieben: Ich will ihn nicht sehen. Ich ertrage seine Nähe nicht. Ich kriege fast schon Hautausschlag wegen seiner Eigenarten, die ich kaum aushalten kann. Ich will nicht um ihn sein. Ich will ihn nicht spüren. Im Grunde will ich nicht sein wie er. Ich möchte ihn aus meinem Gefühlskörper heraushalten. Ich möchte ihn nicht »in mir aufnehmen«. Also trenne ich mich von ihm ab, wo es nur geht. Ich höre ihm nicht zu. Ich gehe aus dem Raum. Ich widerspreche ihm. Ich zeige ihm meine Abneigung. Auf jede dieser Arten trenne ich mich energetisch vom anderen.

C. G. Jung hat eine kleine, aber feine Unterscheidung getroffen zwischen Empfinden und Fühlen. Ich bin darauf bereits im Buch *Fühle mit dem Herzen* eingegangen. Für Jung findet der erste Kontakt zwischen mir und meiner Umwelt auf der Seelenebene statt. Ich gehe ganz in Verbindung mit dem, was um mich ist, und »empfinde« dabei etwas. Jung führt dieses Wort auf seinen Ursprung zurück – »empfinden« bedeutet, ich »finde« etwas in mir. Einen Eindruck, eine tiefe Begegnung mit dem anderen. Dieser erste Impuls ist aber nur sehr kurz und bleibt unbewusst. Man bedenke, dass wir pro Sekunde sehr viel mehr unbewusste Gehirnaktivitäten tätigen als bewusste. Wir empfinden etwas in unserem unbewussten, seelischen Wesensteil.

Dann tritt bereits unser Bewusstsein hinzu und verändert diese erste, reine Empfindung, indem es sie bewertet und einstuft. Erst in diesem zweiten Schritt entsteht das, was wir »Gefühl« nennen. Es ist uns bewusst, wir spüren es körperlich, und darum ist es auch mit unseren Gedanken und Glaubenssätzen verschmolzen. Jung ist der Meinung, dass wir also bereits bei dem, was wir Gefühl nennen, schon auf Abstand zu unserer Umwelt gehen. Wir waren einen Moment ganz bei ihr und haben sie in uns hineingelassen. Dort waren wir nicht getrennt. Dann aber scheuen wir wieder zurück, schalten unseren Verstand hinzu und bewerten und sortieren den empfundenen Eindruck. Und »machen«, so muss man es leider sagen, ein Gefühl daraus. Ein Gefühl ist darum von uns »hergestellt«. Wir haben entschieden, was wir aus der vormals reinen Empfindung herausdestillieren wollen. Wir tun uns selbst gegenüber zwar so, als wäre ein Gefühl doch offensichtlich unabhängig von uns. Weit gefehlt. Das, was wir fühlen, ist vor allem eine Entscheidung. Wir fühlen, was wir fühlen möchten.

Nehmen wir zum Beispiel das größte aller Gefühle, die Liebe. Warum kleckern, wenn wir auch gleich klotzen können? Beim altbekannten Vorgang der »Liebe auf den ersten Blick« würde sicher jeder meinen, dass einfach nur der richtige Mensch in unser Leben treten muss, und schon ist die Sache geritzt. Es macht einen lauten Knall, der weiße Ritter oder die Traumprinzessin betritt die Bühne, und schon sind wir bis an unser Lebensende verliebt – denken wir.

Bei näherer Betrachtung stellt sich dagegen heraus, dass der Kandidat, die Kandidatin einfach nur unserer Vorstellung entsprochen hat. In unserem Inneren haben wir ein bestimmtes Bild von der Person, die uns besonders anzieht. Sehen wir dann einen Menschen, der diesem Ideal entspricht, fangen wir sofort Feuer. Auch wenn wir meinen, dieser Moment des Verliebtseins wäre magisch oder schicksalhaft, spielt uns doch in Wahrheit unser Bewusstsein einen seiner berühmten Streiche. Wir haben unsere Idealvorstellung auf diese eine Person projiziert. Wir haben uns verliebt, weil wir uns verlieben wollten. Dieser

Mensch entsprach unserer Erwartung und stimmte mit unserer Vorstellung überein.

Liebe auf den ersten Blick ist somit auch nur ein Konstrukt unserer Vorstellung. Um das zu erkennen, brauchen wir uns nur eine typische Bestellliste unseres Traumpartners anzuschauen. Bitte sei darum doch so nett und unterbrich die Lektüre für die folgende Übung:

## Übung 3: Mein Traumpartner im Laufe der Zeit

Schreib dir bitte eine aktuelle Liste, wie du heute deinen idealen Lebenspartner beschreiben würdest. Wie sieht er aus? Natürlich kannst du auch deinen Lebensgefährten beschreiben, mit dem du bereits zusammen bist. Vielleicht machst du hier und da ein paar Verbesserungen. Bei dieser Liste ist alles möglich. Was ist dir bei deinem Beziehungspartner besonders wichtig? Wie soll er aussehen, wie ist sein Verhalten? Was schätzt du an seinem Charakter? Schreib es auf!

Wenn du damit fertig bist, nimm bitte im zweiten Schritt auch ältere Bestelllisten deines Traumpartners mit hinzu, solltest du noch welche zur Hand haben. Wenn nicht, mach diese Übung bitte nochmals und schreibe dir auf, wie du vor fünf, zehn oder 20 Jahren deinen Traumpartner beschrieben hättest. Vergleiche doch einmal, wie sich deine aktuelle Liste zu den vorhergehenden unterscheidet. Was hat sich im Laufe der Jahre an deinem Traumbild verändert? Wie sollte dein Wunschpartner früher sein, wie wünschst du ihn dir heute?

Anhand dieser Liste kannst du dir einen guten Eindruck davon machen, nach welchen Kriterien du dir deinen Partner aussuchst. Das ist sicher auch altersabhängig. Jugendliche würden wohl einen »coolen« Partner bevorzugen, der sportlich ist und hippe Klamotten trägt. Menschen, die schon etwas älter sind und ans Heiraten und Kinderkriegen denken, würden beim Traumpartner eher Kriterien wie »zuverlässig«, »kinderlieb« und »zärtlich« verwenden. Kommt man schließlich, so wie ich, in die »besten Jahre«, dann werden Verbundenheit und Vertrauen zu wichtigen Größen.

Ganz sicher hat sich deine Liste also im Laufe der Jahre verändert. Denn sie verändert sich zwangsläufig mit dir und deinen Prioritäten, die du in einer bestimmten Lebensphase an dich und deinen Partner stellst.

Ein Kriterium, wie jeder Punkt auf deiner Bestellliste eines darstellt, ist genau betrachtet nichts anderes als: ein Grund. *Weil* dieser Mensch so und nicht anders ist, liebe ich ihn. Diese Liste liefert mir somit ganz sachlich eine Menge von Gründen, warum ich meinen Partner liebe (sollte ich mit ihm schon zusammen sein), oder eben, warum ich meinen zukünftigen Partner lieben würde (wenn ich ihn noch nicht gefunden habe). Um einen anderen Menschen zu lieben, so scheint es, brauche ich darum notwendigerweise eine Begründung, etwa: weil er gut aussieht, weil er tolerant ist. Weil er mir meine Freiheit lässt, weil er freundlich ist. Weil er viel Geld hat. Weil er mich beschützt. Und so weiter.

Das bedeutet aber doch, wir »machen« uns auch hier das Gefühl Liebe selbst. Wir lieben anfangs einen anderen Menschen, weil er so und nicht anders ist.

Später lieben wir ihn dann nicht mehr, ebenfalls aus einer ganzen Reihe von Gründen: weil er doch ganz anders ist, weil er unaufmerksam ist, weil er immer zu spät nach Hause kommt, weil er schlecht riecht, weil er nie aufräumt. Die Liste der Anklagepunkte wird mit der Zeit immer länger. Das bedeutet, auch unser Gefühl von »Nicht-Liebe« machen wir uns selbst. Wir mögen dann denselben Menschen, den wir zuvor noch geliebt haben, plötzlich weniger oder viele Teile von ihm rein gar nicht mehr. Gründe dafür finden sich schnell in ausreichender Zahl. Was also tun? Nehmen wir doch die Beziehung von Stella als Beispiel:

Stella kam zu einem meiner Seminare und erzählte, sie streite sich des Öfteren mit ihrem Mann. Auch nach 20 Jahren Ehe hatte sich daran noch nichts geändert. Stella war aber bereits so selbstreflektiert, dass sie diese Auseinandersetzungen gern als »Werfen mit Schäufelchen und Förmchen« titulierte, wie Kleinkinder es eben im Sandkasten gern tun, wenn der eine dem anderen die Sandburg kaputtgemacht hat.

Stella als hochgebildete Frau hat sich über viele Jahre intellektuell intensiv mit allen Themen und Funktionsweisen von

Beziehungen auseinandergesetzt. Sie arbeitete sogar selbst als Beziehungscoach, was wieder einmal zeigt, dass Therapeuten letztlich vielleicht immer nur sich selbst therapieren. Böse Zungen behaupten sogar, dieser Ansatz gelte auch bei Bestsellerautoren, die schlaue Bücher über Glück und Wünschen schreiben, was aber natürlich eine ganz andere Sache ist …

Stellas kindlich ausartende Form der Auseinandersetzung ist vielleicht auch dem einen oder anderen Leser gut bekannt. Denn ich habe festgestellt, dass es sich hier eher um eine Regel denn um eine Ausnahme handelt. Viele Paare verhalten sich im Konflikt gerne wie kleine Kinder.

Für diese Tatsache gibt es aus meiner Sicht eine klar auf der Hand liegende Erklärung: Immer wenn wir in Stress oder sonstige Problemlagen kommen, fallen wir psychisch in genau die Situation zurück, in der wir Ähnliches als Kind bereits einmal erlebt haben, aber damals nicht auflösen und klären konnten. Der damals darum noch unbewältigt gebliebene Konflikt tickt sozusagen als Zeitbombe weiterhin in uns. Er wird immer dann reaktiviert, wenn sich mir in meiner Umwelt ähnliche Probleme wie damals in meiner Kindheit zeigen. Plötzlich bin ich zwar rein körperlich betrachtet nun vielleicht 40 Jahre alt, verhalte mich aber tatsächlich noch wie ein vierjähriges Kind. Oftmals drehe ich mir dann auch die Dinge so hin, dass ich ein Problem auch dort zu sehen glaube, wo vielleicht gar keines ist. Aber da meine unbewältigte innere Situation die Angst beinhaltet, dass mir so etwas nochmal passiert, sehe ich in der

Nacht schnell Gespenster, wo eigentlich nur ein Schatten gewesen wäre.

Im Grunde ist etwas in mir nicht »in Ordnung«, und darum kann ich auch in meiner Umgebung keine Welt erblicken, die in Ordnung wäre. Nach dem Prinzip »Wie innen, so außen« kann ich nur im Außen sehen, was in meinem Inneren bereits angelegt und vorhanden ist. Bringe ich mich innerlich in Ordnung, indem ich meine Einstellung verändere, so kann es mir immer häufiger sogar gelingen, die scheinbar vorhandene Trennung vom anderen Menschen zu überwinden.

**Weil ich das Gefühl habe, selbst nicht in Ordnung zu sein, erlebe ich auch das Universum so.**

Das Universum ist nun aber so freundlich, mir immer wieder Situationen anzubieten, in denen ich meine persönliche Kindheitsthematik aufs Neue erleben darf. Ich könnte auch sagen: Ich mache und suche mir diese Erfahrungen immer wieder selbst. Indem ich aus jeder Mücke einen Elefanten mache und jeden Schatten zum Gespenst.

Kommen wir aber zurück zu Stella, ihrer Ehe und der Lösung ihres Problems. Sie war sich bewusst, dass bestimmte kindliche Wesensanteile zu den Streitereien mit ihrem Mann führten. Und zwar auf beiden Seiten. Nur half ihr dies nicht bei der Lösung. Immer wieder kam es bereits nach wenigen Worten oder Gesten ihres Mannes, die für Stella Schlüsselreize darstellten, zum altbekannten Stellungskrieg in ihrer Ehe. Es war wie ein Automatismus – im Nachhinein wunderte sich Stella meist über sich selbst, wie es wieder zu dieser Eskalation kommen konnte (Ähnlichkeiten zu Lesern, Leserähnlichen oder deren Bekannte sind beabsichtigt).

Bei meinem Wochenendseminar zum Thema Selbstliebe erzählte sie freimütig von ihrem Problem und war gern bereit, es einmal aus dem Blickwinkel von Liebe und Akzeptanz zu betrachten. Da jeder in der Gruppe zu diesem Zeitpunkt ähnliche Themen in der Familie oder im Beruf hatte, machten gleich alle bereitwillig die folgende Übung mit – jeder Teilnehmer speziell für einen Menschen, mit dem er gerade in Unfrieden war.

## Übung 4: Wie kann ich mein Problem in mein Herz nehmen?

Setze dich bitte entspannt auf ein Kissen oder einen Stuhl und atme einige Male ruhig ein und aus. Warte mit dem Beginn der Übung einige Atemzüge lang, bis du dich auch innerlich ruhig und entspannt fühlst. Dann stelle dir vor, wie du im Sommer gemütlich einen Waldweg entlangspazierst. Es ist noch früh am Morgen, und die Vögel zwitschern. Denke nun kurz an dein Problem mit diesem bestimmten anderen Menschen und frage dich: »Wenn ich dieses Problem mit diesem anderen Menschen wäre, welches Tier wäre ich? Wie würde ich aussehen?« Gehe dann langsam auf deinem Weg einen Hügel hinauf. Oben angekommen begegnet dir dieses Tier.

Wie sieht es aus? Wie geht es diesem Tier? Wo lebt es? Was braucht es? Betrachte dieses Tier als Stellvertreter deines Problems mit dem anderen Menschen und nimm es in dein Herz. Schau es aus deinen Herzensaugen an und sende ihm Liebe. Verändert sich dabei etwas? Kommt das Tier näher oder ändert es sogar seine Gestalt? Sende dem Tier einfach weiterhin Liebe, bis du ein gutes Gefühl ihm gegenüber bekommst. Dann atme ein paarmal ein und aus und komm zurück auf deinen Platz.

Bei jedem Teilnehmer entstand bei dieser Technik ein eigenes Bild vor seinem inneren Auge. Jeder sah ein anderes Tier mit einem speziellen Verhalten. Stellas Tier war ein Dachs, schon älter, mit grauem Rücken, der recht wütend aus seinem Bau gefaucht kam. Unwillig über die Störung und Stella, die ihn uneingeladen beobachten wollte.

Als Stella ihren Dachs in ihr Herz nahm, verwandelte er sich in ein schwebendes Blatt, das ganz leicht wurde und vom Wind getragen war. Stellas Herz wurde dabei auch ganz leicht, und es war, als fielen ihr Steine vom Herzen. Als sie dem Blatt weiter Liebe sendete, setzte sich bald darauf auch ihr Mann vor ihrem inneren Auge mit auf das Blatt, und sie glitten gemeinsam wie auf einem fliegenden Teppich durch eine wunderschöne Seen- und Waldlandschaft.

Stella erzählte mir später, dass sie durch dieses märchenhafte Bild des fliegenden Teppichs eine Art Anker gefunden hatte, den sie nutzen konnte, wenn in ihrer Ehe wieder der Impuls in ihr aufstieg, mit ihrem Mann zu debattieren. Sie schaffte es nun, kurz innezuhalten, sich wieder vor ihrem inneren Auge gemeinsam mit ihrem Mann auf den Teppich zu setzen und ihr Herz zu spüren. Dann konnte sie sich erinnern: Dieses Thema hat eigentlich mit meinem Mann gar nichts zu tun. Er löst nur aus, was als innere Spannung in mir geheilt werden will. Und sie entdeckte, wie sehr sie ihrem Mann mit ihrem Verhalten Unrecht getan hatte.

Stella erkannte also ihren Anteil am gemeinsamen Problem des Streitens. Ihr Mann hatte sich nicht verändert, wohl aber sie selbst. Als sie bereit war zur inneren Veränderung, wurde auch ihre Beziehung besser. Als es ihr gelang, Ordnung in ihre eigenen Wesensanteile zu bringen, verbesserte sich nachfolgend auch die Beziehung zu ihrem Mann. Sie konnte ihn besser akzeptieren, weil sie sich selbst besser annehmen und lieben konnte. Selbstliebe ist darum eine Haltung, die Beziehungen zum Guten wenden kann, und die uns erlaubt, auch die damit verbundenen Lieferungen immer besser anzunehmen.

**Danke für die Lieferung:** An einem Seminar in Klagenfurt nahm ein ganz besonderes Pärchen teil. Sie war blind und mit recht großer Körperfülle gesegnet, ihm fiel das Sprechen schwer, und er war körperbehindert. Wenn er etwas sagte, war es für die anderen Teilnehmer mühsam, weil sie genau zuhören mussten, was er sagen wollte. Ich konnte spüren, wie schwer es den anderen Teilnehmern fiel, die Geduld zu bewahren. Im Laufe des Tages änderte sich diese Grundhaltung aber völlig und verwandelte sich in großes Wohlwollen und Anteilnahme. Alle Teilnehmer gaben am Schluss einhellig großes Lob für die Beziehung der beiden. Eine Frau sagte, so interessant das Seminar auch gewesen sei, am meisten hätte sie für ihre eigene Beziehung zu ihrem Mann durch dieses Pärchen gelernt. Beide gingen mit sehr viel Achtsamkeit miteinander um und strahlten eine große Liebe füreinander aus. Ihre körperlichen Handicaps spielten für sie gar keine Rolle. Das Geschenk, dass diese beiden am Seminar teilnahmen, vermittelte allen Teilnehmern ein tolles praktisches Beispiel für partnerschaftliche Liebe, fernab von all den scheinbar gar so wichtigen Äußerlichkeiten. Liebe ist das Wichtigste!

# 5

# Wie wird Glück geliefert?

*Glücklich allein ist die Seele, die liebt.*

Johann Wolfgang von Goethe

*Die wichtigste Person in unserem Leben sind sicherlich wir selbst. So sehr wir auch versuchen, anderen Menschen zu gefallen, Bestätigung im Job zu finden, erfolgreich zu sein oder anerkannt zu werden – dies alles wird uns erst wirklich gelingen, wenn wir die zentrale Beziehung unseres Lebens geklärt haben: die Beziehung zu uns selbst. Wie soll jemand anders mich gernhaben, wenn ich selbst mit mir hadere? Wie sollen meine Beziehungen zu anderen Menschen friedlich und in Harmonie stattfinden, wenn ich mit mir selbst nicht im Reinen bin? Den Wert, den ich von anderen bekommen möchte, muss ich darum zunächst einmal mir selbst geben. Dies gelingt mir vor allem durch die Liebe zu mir selbst.*

Es ist doch recht sonderbar: Da bin ich auf die Welt gekommen, bin größer geworden, habe so manches gelernt, und heute bin ich erwachsen. Ich lebe in einer friedlichen, geschützten Welt, habe alles, was ich zum Leben brauche, verfüge über einen gesunden Körper, Freunde, Hobbys und alle Möglichkeiten zur Information. Trotzdem nagt etwas an mir. So richtig glücklich fühle ich mich nicht. Alles könnte noch besser sein. Und auch, wenn ich selbst der Meinung bin, dass mir die Suppe meines Lebens eigentlich schmecken müsste, so gelingt es mir doch immer wieder, ein Haar darin zu entdecken.

Für mich persönlich bestand ein Weg zu mehr Freude und Glück im Leben in der Erkenntnis, dass ich selbst es ja bin, der meine Welt und meine damit verbundenen Lebensumstände anblickt. Die einfache Beobachtung eines halb gefüllten Glases wird durch meine Sichtweise bestimmt. Ich habe die freie Auswahl, es als halb voll oder halb leer zu betrachten.

Der englische Dichter David Hume hat den Satz geprägt: »Die Schönheit der Dinge liegt in der Seele dessen, der sie betrachtet.« Nur eine Seele, die sich selbst als schön empfindet, kann auch die Schönheit der äußeren Welt erkennen. Verkürzt formuliert möchte ich sagen: »Nur die Schönheit kann die Schönheit sehen.«

Ein von mir als halb leer tituliertes Wasserglas bedeutet damit: Ich betrachte auch mich selbst eher als mangelhaft denn als gut und richtig. Das, was ich wahrnehme, hat untrennbar mit mir selbst zu tun. Ich sehe das Außen, wie ich mich selbst sehe. Sehe ich Fehler im Außen, dann projiziere ich dabei nur mein eigenes Fehlerhaftes auf die Welt.

Goethe sagte es mit den Worten: »Wär nicht das Auge sonnenhaft, die Sonne könnt es nie erblicken. Läg nicht in uns des Gottes eigne Kraft, wie könnt uns Göttliches entzücken?«

Darum muss auch die Vorstellung, die ich mit Gott verbinde, ihren Ursprung in mir haben. In unserer christlichen Kultur wird dieser Teil von mir als »göttlicher Funke« bezeichnet. Gottes eigene Kraft, wie Goethe sagt, liegt versunken und versteckt auch in mir. Wenn ich diesen Funken entzünde, verändert sich damit auch meine Sichtweise auf diese Welt.

**In einer unbewusst gesteuerten Weise sehe ich mich immer nur selbst.**

Dieser Satz hat sehr weitreichende Konsequenzen. Zum Beispiel werden Menschen, die sich dieser Tatsache immer mehr bewusst werden, mit unnützen Streitereien aufhören. Denn Meinungsverschiedenheit basiert häufig auf einem Kampf mit sich selbst. Ein Mensch, der vor allem das halb leere Glas sieht, hat darum an allem etwas auszusetzen. Zuallererst aber an sich selbst. Nur merkt er das nicht – zu sehr ist er beschäftigt mit dem Anprangern der gar so schlimmen Missstände in seiner Umwelt. Die aber unbewusst verdreht nur seine eigenen sind. Solch ein Mensch wird auf seiner Meinung beharren, und zwar umso vehementer, je mehr er noch nicht dazu bereit ist, in seinen eigenen Spiegel zu schauen. Er legt sich damit unbewusst auch mit seiner Meinung von sich selbst fest. Zwei solcherart gestrickte Menschen können sehr lange und intensiv miteinander streiten, denn sie verfahren nach dem Motto: »Hör mir doch auf mit Tatsachen, meine Meinung steht fest.«

Auf der anderen Seite hat ein Mensch, der bereits häufiger das halb volle Glas erkennt, schon eine bessere Meinung über sich selbst entwickelt. Er hat begonnen, auch das Gute an sich selbst und seiner Umwelt zu sehen. Er hadert nicht mehr so häufig mit den Missständen in seiner Welt, sondern sucht nach produktiven Lösungen, die etwas zum Guten verändern könnten. Andere Meinungen kann er gelten lassen, weil er erkannt hat, dass auch in ihm selbst des Öfteren unterschiedliche Ansichten miteinander kämpfen. Er hat gelernt, mit diesen inneren Kämpfen erwachsen umzugehen und Frieden mit sich selbst zu stiften. Also gelingt es ihm auch bei aufkommenden Meinungsverschiedenheiten, in seiner Mitte zu bleiben und die andere Ansicht gelten zu lassen. Er muss nicht mehr Recht haben, denn er hat sein Recht gefunden: das Recht, er selbst zu sein. Und damit darf jeder andere auch sein Recht auf seine eigene Meinung haben. Habe ich mir mein Recht erlaubt, darf es auch jeder andere bekommen. Auch hier gilt der Grundsatz der mittelalterlichen Mystiker: »Im Außen wie im Innen. Und im Inneren wie in der äußeren Welt.«

Wenn zum Beispiel zwei Personen eine Rose betrachten, wird die eine vielleicht sagen: »Ich mag Rosen nicht. Immer wenn ich eine pflücke, steche ich mich dabei an ihren Dornen!« Hier ist das Glas halb leer. Der zweite Beobachter wird vielleicht entgegnen: »Rosen mag ich über alles. Sie sind meine Lieblingsblumen. Gerade darum, weil sie Dornen haben. Sie lehren mich so die Achtsamkeit!« Dieser Mensch hat seine innere Schönheit bereits entdeckt. Um noch einmal Goethe zu zitieren: »Blumen sind die schönen Worte und Hieroglyphen der Natur, mit denen sie uns andeutet, wie lieb sie uns hat.«

Offenbar hatte auch Goethe seine sonnenhaften Augen bereits entwickelt. Ich möchte sie gern als Herzensaugen bezeichnen. Ein Mensch, der die Augen seines Herzens geöffnet hat, sieht mit ihnen immer mehr Schönheit in seiner Welt, denn er findet immer mehr in die Liebe. Es gibt einen feinen Zusammenhang zwischen dem Erkennen von Schönheit und der Liebe, die im Herzen entflammt. Christian Morgenstern hat es auf den Punkt gebracht: »Schön ist eigentlich alles, was man mit Liebe betrachtet. Je mehr jemand die Welt liebt, desto schöner wird er sie finden.«

Insofern lässt sich schlussfolgern:

**Nur die Liebe kann die Liebe sehen.**

Um das halb leere Glas als halb voll anschauen zu können, braucht es also die Kultivierung von Liebe in mir. Objektiv betrachtet ist das Glas nur zur Hälfte gefüllt. Da wäre noch Platz für eine weitere Hälfte Wasser. Das wird auch so bleiben. Aber wenn ich mich verändere, indem ich mein Herz öffne und in die Liebe finde, dann höre ich auf, mit dem halb leeren Glas zu hadern. Ich entdecke das hier verborgene Geschenk und sehe es als halb voll an. Denn ich habe gelernt, auch die

Schattenseiten, Fehler und Mängel an mir selbst anzunehmen und zu lieben.

Das zur Hälfte gefüllte Glas ist dabei nur ein Synonym für mein ganzes Leben, die ganze Welt und alle ihre Umstände. Alles auf dieser Welt hat einen Makel, den ich anprangern kann: mein Körper, mein Partner, mein Job, mein Haus, mein Auto. Ich selbst. Mein ganzes Leben.

Der Trick besteht nun ganz einfach darin, mein Herz für alle Unzulänglichkeiten des Außen zu öffnen, da ich erkenne:

**Der Fehler im Außen ist nur der Spiegel meines inneren Fehlers in mir selbst.**

Nach dem Motto »Was du nicht willst, dass man dir tu, das füg auch keinem anderen zu«, höre ich auf, an allem und jedem herumzumäkeln. Der Groschen ist gefallen. Mir ist bewusst geworden, dass ich mir bei diesem Spiel der Abwertung und Ablehnung selbst nicht guttue. Ich drehe mich dabei unbewusst immer nur um mich selbst, so wie der Hund, der seinem eigenen Schwanz nachjagt. Dabei bin ich so sehr mit dem Jagen (und Anprangern von Fehlern) beschäftigt, dass mir für alles andere, etwa eine gesunde Selbstreflexion, kein Moment des Innehaltens mehr bleibt.

Wir sind so trainiert darauf, den Mangel und das Schlechte am anderen zu suchen und zu finden, dass wir kaum damit aufhören können. Wie ein Hund, dem man sagt: »Wo ist die

Katze? Wo ist die Katze? Such!«, stürmen wir wie besessen los, um die Fehler an anderen zu jagen.

Darum ist es eine große Herausforderung, stattdessen neuen Impulsen zu folgen (und nicht immer der nächstbesten Katze, ähm, dem Fehler hinterherzulaufen). Das Herz zu öffnen und in die Liebe zu finden ist Arbeit, Selbstüberwindung, bei der ich lerne, Dompteur zu werden für das Raubtier meines Egos. Aber die Zirkusschau danach kann sich bestimmt sehen lassen!

Die Basis, auf der wir lernen können, die Schönheit und die Liebe in unserer Umwelt zu entdecken, ist unsere Selbstliebe. Erst wenn wir begonnen haben, uns selbst zu lieben, eröffnet sich uns auch das Geschenk unseres Lebens.

**Ich kann andere erst dann wirklich lieben,
wenn ich gelernt habe, mich selbst anzunehmen
und zu akzeptieren.**

Denn alle Beziehungen, die ich mit anderen Menschen habe, sind letztlich geprägt von meiner Beziehung zu mir selbst. Solange ich mich nur immer wieder selbst kritisiere, ablehne und nicht gut finde, kann ich darum nicht erwarten, Lob, Akzeptanz oder Anerkennung von anderen zu erhalten. Dies ist vielleicht die weitreichendste Konsequenz der Aussage, dass der andere Mensch nur ein Spiegel für mich selbst ist.

Um in meinem Leben immer glücklicher werden zu können, braucht es das Glück zuerst in mir selbst. Auch wenn mir das so vorkommen mag, als sollte ich mich buchstäblich am eigenen Schopf aus dem Sumpf meiner Selbstanklage herausziehen. Es bleibt dabei: Die Tatsache, dass ich immer etwas zu jammern habe, hat etwas mit mir selbst zu tun, und nichts mit meinen Lebensumständen. Das Glück, das ich außen suche, liegt in mir. Darum sagt der Buddha: »Es gibt keinen Weg zum Glück. Glück ist der Weg.«

Denn unser Glück können wir nur in uns selbst entdecken. Es gibt darum keinen Weg, den wir zur Erlangung unseres Glückes zu gehen haben. Alle äußeren Bemühungen zur Erreichung dieses Zieles werden uns am Ende zurück nach Hause führen. Zu uns selbst. In unser Herz.

**Danke für die Lieferung:** Meine schönste Lieferung der letzten Zeit war ein Ägyptenurlaub gemeinsam mit einer kleinen Reisegruppe. Wir besuchten Luxor und das Tal der Könige und feierten auch gemeinsam Silvester. Es war eine rundum angenehme Reise mit meinen liebsten Menschen, und auch meine Kinder erzählten später, dass sie solch eine Fahrt gern bald wieder machen würden. Sie waren als einzige Jugendliche mit unterwegs, und für mich war besonders schön zu sehen, wie sie in der Gruppe von allen sehr gleichberechtigt angenommen wurden. Ich hatte mir für meine Kinder und mich solch eine Reise gewünscht, und es freut mich sehr, auf diesem Wege reich beschenkt worden zu sein.

# 6

## Wie schön findest du dich?

*Es gibt vielleicht auf der ganzen
Welt kein anderes Mittel, ein Ding
oder ein Wesen schön zu machen,
als es zu lieben.*

Robert Musil

*Selbstliebe zeigt sich auch und vor allem am Umgang mit unserem
eigenen Körper. Er wurde uns bei der Geburt geschenkt und findet
leider trotz der großen Bedeutung, die er an jedem Lebenstag für
uns hat, häufig noch viel zu wenig Beachtung. Jeder Stress, jede
Überbelastung, Schlafmangel oder Alkohol setzen ihm zu und damit unsere Lebensfreude aufs Spiel. Jeder von uns hat insgeheim
Angst, alt und gebrechlich zu werden, und doch treiben wir nur
allzu gern Schindluder mit unserem wichtigsten Lebenswerkzeug.
Wie würden wir leben, wäre uns der eigene Körper wirklich so
wichtig, wie er es sein sollte? Wenn Gesundheit unser höchstes Gut
wäre?*

Eines der größten Geschenke, die das Universum uns macht,
ist unser menschlicher Körper. Er ist doch wirklich ein Wun-
derwerk der Schöpfung. Unser Herz schlägt ein Leben lang,
wir atmen pausenlos, können rennen, springen und laufen.

Und das alles, ohne dass wir viel dafür tun müssten. Selbst kleine Verletzungen heilen wie durch ein Wunder wie von selbst. Die Regenerationskraft unseres »Raumanzuges« Körper, in dem unsere Seele und unser Geist auf diesem Planeten unterwegs sein dürfen, scheint grenzenlos zu sein. Erst im Alter merken wir schließlich, dass auch seine Leistungsfähigkeit einmal an ihre Grenzen kommt.

Um dir der Fähigkeiten deines Körpers wirklich bewusst zu werden, mach doch als kleine Übung einmal Folgendes:

### Übung 5: Warum ist mein Körper ein Geschenk?

Schreib dir bitte einmal alles auf, was du an deinem Körper schätzt und was du an ihm ganz besonders toll findest. Hast du dir das schon einmal wirklich überlegt? Es erscheint den meisten von uns so völlig normal, zwei Hände zu haben für die täglichen Handhabungen, zwei Augen, um zu sehen, und zwei Beine, um sich durch die Welt zu bewegen. Was aber findest du an deinem Körper besonders gut? Was ist es wert, einmal in deiner Aufzählung wirklich herausgestellt und wertgeschätzt zu werden? Schreib es dir auf!

Ist es nicht ein Wunder, sehen zu dürfen? Zu schmecken, zu riechen und zu spüren? Die Welt auf den eigenen Beinen erkunden zu dürfen, das Zwitschern der Vögel hören zu können? Die Welt ist voller Wunder, nur haben wir leider verlernt,

sie als solche zu erkennen. Unser Körper mit seinen unermesslichen Fähigkeiten ist eines davon.

Wenn du dir deine Auflistung deiner körperlichen Geschenke
einmal durchliest, fällt dir sicher auf, wie wenig du dir diese
Liste im täglichen Einerlei wirklich bewusst machst. Das ist ja
bereits das eigentliche Problem mit unserem Körper. Weil wir
ihn schon immer hatten und nicht erst zu Weihnachten geschenkt bekommen haben, achten wir gar nicht so sehr auf
seinen Wert. Er ist immer da. Kaum etwas scheint uns so
selbstverständlich zu sein wie unser Körper. Er hat zu funktionieren, um unser Tagesgeschäft zu gewährleisten, und wenn er
mal streikt, dann schimpfen wir vielleicht sogar auf ihn. Hätten wir nur einen besseren Körper bekommen ... robuster,
schöner, größer, leistungsfähiger! Auch an unserem Körper finden wir erfahrungsgemäß eine ganze Menge Kritikpunkte.

## Übung 6: Meine Mängelliste

Machen wir doch gleich eine zweite Übung daraus. Betrachte
deinen Körper – stell dich dazu vielleicht vor einen Spiegel
und zähle alle Mängelpunkte auf, die du an dir findest. Beginne mit deinem Gesicht. Deine Nase ist zu groß, dein Mund zu
klein, dein Kopf zu rund? Schreib es auf! Geh dann weiter
und betrachte den Rest deines Körpers. Was stört dich noch

an ihm? Findest du dich zu groß, zu klein, zu dick, zu dünn?
Schreib es dir auf!

Diese zweite Liste zeigt, dass kaum jemand mit sich und seinem
Aussehen wirklich zufrieden ist. Auch die schönste Frau findet
noch einen Makel an sich und ihrer Figur. Man könnte fast einen Sport daraus machen, mit Frauen über ihren Körper zu
sprechen. Und wenn eine Frau auch noch so hübsch sein mag,
ihrem eigenen kritischen Blick hält sie doch niemals stand. Da
sind dann die Beine zu dick, ihre Hüften zu breit. Oder, o Gott,
auf ihrem Rücken prangt ein Muttermal, das sie abstoßend
hässlich findet. Zwar gäbe es andererseits hundert Gesichts-
punkte, die für ihre Schönheit sprechen, die beneidenswert wären, aber nein, dieser eine Mangel, der stört sie immens. Wegen
dieses »Fehlers« fühlt sie sich nicht wirklich wohl in ihrer Haut.

Diese Ablehnung unserer Selbst ist zutiefst menschlich.
Kaum jemand ist dagegen gefeit. Und eine ganze Industrie lebt
davon, dass wir uns äußerlich immer noch schöner und besser
zeigen wollen. Dieses Bedürfnis macht dann schließlich auch
vor chirurgischen Eingriffen nicht halt. Da wird hier abgesaugt
und da geschnippelt, und ein wenig Botox darf auch nicht feh-
len. Sind die Modezeitschriften doch voll von wunderschönen,
scheinbar makellosen Frauen und Männern in perfekten Kör-
pern. Und wo die Natur den Redakteuren mal nicht schön genug erscheint, da macht Photoshop es möglich, jedes kleinste
Detail noch am Bildschirm technisch zu optimieren.

Eben, als ich diese Zeilen schreibe, ist in Presse und Internet eine riesige Debatte über Schönheit im Alter angeregt worden. Ein ungeschöntes Foto von Topmodel Cindy Crawford war unerlaubt durch Twitter in die Öffentlichkeit gelangt. Sie zeigt sich darauf mit Falten, wie man sie natürlicherweise in ihrem Alter von 48 Jahren nun einmal hat. Die Öffentlichkeit reibt sich nun daran, ob ihr als Schönheitskönigin dieser Fauxpas erlaubt sei, wo sie doch bisher immer nur die optisch zum Perfektionismus verschönerte Variante ihres Körpers gezeigt hatte. Offenbar purzelten da beim Publikum einige der Ideale, die Frau Crawford allzulange verkörpern durfte.

Erfreulicherweise erntete sie für dieses Foto aber auch sehr viel Lob. Andere Prominente machten es ihr nach und zeigten im Internet ebenfalls Bilder ihrer Körper, die nicht digital nachbearbeitet wurden. Cindy Crawford selbst zeigte sich in dieser Diskussion um ihren Körper äußerst offensiv, indem sie sagte, eine Frau müsse in jedem Alter lernen, sich mit ihrer Haut anzufreunden. Ihrer Meinung nach ist das, was eine Frau wirklich attraktiv macht, vor allem ein gesundes Selbstbewusstsein. Das vor allem anderen sei es, was die Menschen beeindrucke. Womit wir wieder beim Thema Selbstliebe angekommen wären.

Was für eine wunderbare Aussage! In Zeiten von »Germany's Next Topmodel« bricht Cindy Crawford eine Lanze für eine neue Natürlichkeit. Statt weiter den übersteigerten Idealen weiblicher Schönheit zu frönen, gibt sie einen Anstoß dafür, dem Ursprung von Anmut und Attraktivität näher zu kommen. Ich würde es in die altbekannten Worte fassen: »Wahre Schönheit kommt von innen.«

Sophia Loren, die mit ihren mittlerweile 80 Jahren noch immer zeitlos weiblich und wunderhübsch wirkt, ist für mich der Archetypus der schönen Frau. Sie hat zur Erklärung ihrer Anmut einmal bemerkt, dass Charme und Ausstrahlung ihrer Meinung nach einen großen, wenn auch unsichtbaren Anteil an Schönheit hätten, ohne den niemand, ob Frau oder Mann, wirklich schön sein könne.

Ich möchte diese Aussagen gern noch allgemeingültiger formulieren: Wenn ich mit mir selbst im Reinen bin, dann fühle ich mich mit mir wohl. Wenn ich Zufriedenheit ausstrahle, dann werden andere Menschen davon fast schon magisch angezogen. Wenn es mir gelingt, mit mir und meinem Leben glücklich zu sein, dann fange ich an zu leuchten, aus meinem Inneren heraus. Und dann werden immer häufiger auch Menschen zu mir kommen, die mir Komplimente machen und die mich schön finden.

**Nehme ich mich an, so wie ich bin, strahle ich Glück, Zufriedenheit und Schönheit aus.**

Die eingangs dieses Kapitels angebotenen Übungen hatten den Zweck, dass du dir über deine Ausstrahlung und deine Selbsteinschätzung klarer wirst. Übung 5 sollte dir vermitteln, welch großen Bonus du in dein Leben mitgenommen hast, als dir dein Körper geschenkt wurde. Übung 6 konnte dir hoffentlich zeigen, wie sehr du selbst deine Ausstrahlung torpedierst, wenn du deinen Fokus immer nur auf deine körperlichen Mängel legst. Viel schöner könntest du sein – aus deinem Inneren heraus –, wenn du dich selbst als attraktiv und schön einschätzen und empfinden würdest!

Welche Einstellung hast du dir selbst gegenüber? Deine innere Haltung ist auch in puncto Schönheit sehr entscheidend. Wir sind als Menschen alle in der einen oder anderen Weise charismatisch. Wir strahlen immer und in jedem Moment etwas aus. Diese Ausstrahlung hängt zwingend von der inneren Einstellung ab, die wir gerade jeweils einnehmen. Fühlen wir uns hässlich und nicht liebenswert, dann verhält sich dummerweise auch unsere Umwelt entsprechend, nach dem Motto: »Du fühlst dich nicht liebenswert, na, du musst es ja wissen!« Und entsprechend behandelt man uns dann auch. Die berühmten »grauen Mäuse«, die beim Tanzkurs immer zuletzt aufgefordert werden, strahlen ihre Selbstzweifel aus jeder Pore aus.

Es gibt hier eine nette Querverbindung zum Bestellen. Zwar können wir uns sicher nicht wünschen, in puncto Schönheit rein körperlich betrachtet von einem Quasimodo in einen Traumprinzen verwandelt zu werden. Das ist zum Glück auch gar nicht nötig. Stattdessen genügt es vollkommen, dir über deine innere Haltung dir selbst und deiner Schönheit gegenüber klar zu werden. Das ist zugegebenermaßen gar nicht so einfach und bedarf einer gewissen inneren Anstrengung, aber die Belohnung wartet schon auf dich! Alles, was du dir deutlich machen musst, ist die Tatsache, dass du so schön bist, wie du dich fühlst! Der englische Philosoph William James hat diese Aussage auf einen simplen Nenner gebracht: »Wenn du dir eine Eigenschaft (in unserem Beispiel Schönheit, M. M.) an dir wünschst, dann tu so, als hättest du sie bereits.«

Deine innere Haltung geht über den Wunsch hinaus! Wenn du innen, in deinen Gedanken und Gefühlen, schön wirst, dann kannst du es auch außen werden. Du kannst von außen nur die Anerkennung und Wertschätzung erhalten, die du dir selbst gegenüber schon entwickelt hast! Sie strahlt dann auch nach außen und wird so erst wirklich bemerkt. Eine Cindy Crawford steckt also gewissermaßen in jedem von uns. Wir müssen nur den Lichtschalter für das Leuchten von innen heraus in uns selbst entdecken.

Denn meine innere Haltung mir selbst gegenüber zeigt sich sofort auch im Außen, in meiner körperlichen Haltung. Meine Augen beginnen zu leuchten, mein Gang wird federnd, ich trete selbstbewusster auf und gehe mehr und offener auf andere Menschen zu. Je natürlicher ich auf meine Gesprächspartner zugehe, umso natürlicher werden auch sie mich erleben und einschätzen.

Das ist vielleicht auch das Geheimnis hinter der Tatsache, dass schöne Menschen mehr Freunde haben und im Beruf besser bezahlt werden. Das hängt vielleicht weniger mit ihrer Schönheit zusammen als vielmehr mit ihrer inneren Haltung und ihrem selbstbewussteren Auftreten. Es ist mittlerweile wissenschaftlich bewiesen, dass wir von anderen Menschen nicht nur aufgrund unseres äußeren Erscheinungsbildes als schön beurteilt werden. Vielmehr nehmen wir auch den Charakter, also die inneren Werte einer Person, mit in unsere Bewertung hinein. So finden wir bei zwei äußerlich gleich gut aussehenden Menschen denjenigen hübscher, den wir als hilfsbereit, zuverlässig oder kompetent kennen. Diese inneren Werte zahlen sich also logischerweise auch in Form einer erhöhten Sympathie gegenüber ihren Trägern aus. Solche Menschen wirken im sozialen Miteinander durchweg attraktiver und werden mehr geschätzt.

Es leuchtet ja auch ein: Wenn ich einen schlechten Tag habe und mich selbst nicht mag, dann ziehe ich mich zurück und verhalte mich dementsprechend verschlossen. Andere Menschen werden dies spüren. Mit William James gedacht: Wenn ich so tue, als sei ich sonderbar, dann werden sich auch andere Menschen mir gegenüber sonderbar verhalten. Es liegt aber ursprünglich an mir, wie ich bei anderen ankomme.

Ebenso sicher ist: Niemand ist perfekt. Zum Problem wird dies erst dann, wenn ich eines daraus mache. Wenn ich, wiederum frei nach William James, so tue, als hätte ich ein Problem, dann habe ich auch eines, denn alle anderen werden es merken. Und mich dementsprechend behandeln.

Das Beste ist also sicherlich, uns und unseren Körper als Geschenk anzuerkennen. Auch unser Körper wurde uns so geliefert, wie er ist. Je mehr ich das akzeptieren kann, umso schöner werde ich mich finden. Und umso schöner findet mich dann auch meine Umwelt. Ganz simpel sollte ich darum für mich und meinen Körper tun, was ich kann. So wie in einer schönen Parkanlage ein Gärtner dafür sorgt, dass alles gepflegt und in Ordnung bleibt. Behandle deinen Körper darum wie einen Garten. Vermeide alles, was sich negativ auf seine Funktionen und damit auch seine Schönheit auswirken kann. Ungesunde Ernährung, mangelnde Bewegung, Rauchen sollten eher die Ausnahme sein.

Bewusste Menschen mit einem gesunden Selbstwertgefühl werden ihren Körper pflegen und ihn wirklich als Geschenk verstehen lernen. Auch mein Auto putze und warte ich. Auch mein Haus streiche ich und halte es in Schuss. Damit ich noch lange Freude daran habe.

Abschließend noch eine Bemerkung zum Altern. Natürlich bekommt mein Auto Beulen, wenn es in die Jahre kommt. Das ist unumgänglich und ganz normal. Dasselbe gilt für meinen Körper. Aber ich kann dennoch durchaus innerlich vital sein und weiterhin aktiv am Leben teilhaben. Wenn ich jung bleiben möchte, dann tue ich auch hier einfach so, als wäre ich es noch. Ich interessiere mich für das Weltgeschehen, rede und umgebe mich mit jungen Leuten, bin offen für neue Ideen und gehe auch weiterhin aktiv auf andere zu. Es ist vielleicht eher ein Glaubenssatz und weniger eine Tatsache, dass alte Menschen körperlich langsamer werden oder geistig nachlassen müssen. Ein schönes Buch zu diesem Thema ist *Der Jungbrunnen des Dr. Shiioja* (vgl. Literaturverzeichnis), in dem beschrieben wird, wie ein fast 100-Jähriger noch weiterhin Golf spielen und geistig rege bleiben konnte. Auch das Alter ist wohl doch vor allem auch eine Frage meiner inneren Haltung ihm gegenüber.

Danke für die Lieferung: Ich selbst habe mich zeit meines Lebens wahrlich nicht als schön betrachtet. In der Schule war ich eher durchschnittlich begabt und verstand es bestens, nicht aufzufallen und mir meine Tarnkappe überzuziehen. Es dauerte dann auch dementsprechend eine Weile, bis ich meine erste Freundin fand. Die Sache wurde sicher auch nicht besser dadurch, dass ich bereits früh meine Haare verlor und deswegen auch des Öfteren gehänselt wurde. Heute, nach einer langen Durststrecke, bekomme ich dagegen auch manchmal Lob. Ich erhalte nette Briefe, in denen meine Bücher wertgeschätzt werden. Bei Vorträgen kommen immer wieder einmal Menschen zu mir und bedanken sich für meine Arbeit. Und das Unerwartetste ist auch eingetreten: Meine neue Partnerin findet mich schön! Das ist völlig neu! Offenbar hat sich meine innere Haltung mir selbst gegenüber doch schon zum Besseren verändert.

Meine Umwelt spiegelt es mir jedenfalls. Am Ende glaube ich es noch selbst, dass ich gut und richtig bin! Vielleicht sogar ein bisschen schön.

# 7

## Etwas will bewegt sein

*Wenn der Wind der Veränderung weht,
bauen die einen Mauern, die anderen
Windmühlen.*

Chinesische Weisheit

*Ich kenne es nur zu gut von mir selbst: Geht es mir gut, liege ich
auf dem Sofa und freue mich über meine Fernbedienung. Welch
segensreiche Erfindung! Ihr verdanke ich, dass ich nicht mal mehr
aufzustehen brauche, um den Sender zu wechseln. Möchte ich aber
in meinem Leben wirklich etwas verändern, dann geht das eher
selten vom eigenen Wohnzimmer aus. Dann braucht es den eigenen Antrieb, und ich sollte schon dazu bereit sein, meinen Körper
vom geliebten Sofa zu wuchten. Woher soll die Kraft zu einer Verbesserung in meinem Leben denn wohl kommen, wenn nicht aus
mir selbst? Um geistig beweglicher zu werden, kann es äußerst hilfreich sein, von Zeit zu Zeit auf Wanderschaft zu gehen. Es muss ja
nicht gleich der ganze Jakobsweg werden.*

Immer wenn ich beim Schreiben eines Buches nicht mehr so
recht weiterkomme, lasse ich alles stehen und liegen und gehe
auf einen Spaziergang in die Natur. Hier atme ich einmal richtig durch und vergesse den Alltag. Ich sammle neue Gedanken,

und nach einer halben Stunde draußen habe ich dann meist eine neue Idee, wie das Buch weitergehen soll. Die Bewegung lockert nicht nur meine vom Sitzen müden Gelenke und Muskeln, sie bringt auch meinen Geist wieder in Schwung. Ganz von allein findet dann eine neue Inspiration zu mir.

»Beweglich bleiben« ist auch im übertragenen Sinne wichtig, wenn es um die Geschenke des Universums geht. Viele kennen ja die witzige Geschichte vom Schiffbrüchigen auf einer Insel, der sich inständig an seinen Gott wendet und bittet, gerettet zu werden. Er bleibt jedoch viele Jahre auf der Insel und stirbt schließlich auch dort. Als er im Himmel ankommt, wendet er sich vorwurfsvoll an Gott, warum dieser ihn nicht gerettet habe. Gott ist erstaunt und antwortet: »Aber ich habe dir doch ein Schiff vorbeigeschickt. Warum bist du nicht einfach eingestiegen?«

Der Schiffbrüchige war fixiert darauf, von Gott gerettet zu werden. Ein Schiff kam ihm dabei gar nicht in den Sinn. Er wartete ja auf Gott persönlich. Sein Wunsch sollte also auf genau die Weise erfüllt werden, die er sich vorstellte. Das Geschenk des Schiffes nahm er darum gar nicht an. Er sah es gar nicht.

Häufig geht es mir bei der Annahme von bestellten Wünschen ganz genauso. Ich nehme die Lieferung einfach nicht an, weil ich mir etwas anderes vorgestellt habe. Ich bin völlig festgelegt auf nur eine bestimmte Art und Weise, auf die der Wunsch meiner Meinung nach erfüllt werden müsse, und kann darum meinen sehr beschränkten Horizont gar nicht mehr weiten für die anderen, unzähligen Möglichkeiten der Schöpfung, die das Universum mir genau in diesem Moment liefern möchten – aber eben auf gänzlich andere Weise, als ich mir auszudenken vermag. Die Vielfalt des Universums ist so unermesslich groß, dass ich sie kaum zu erfassen vermag. Viele seiner Geschenke rauschen darum einfach an mir vorbei. Ich erkenne seine Gaben häufig nicht, weil ich meine Scheuklappen schon viel zu lange trage.

## Übung 7: Das Füllhorn der Natur

Leg dich doch bei Gelegenheit einmal zum Spaß auf eine Wiese und betrachte sie genau. Kein Grashalm ist genau wie der andere. Jedes Gänseblümchen ist verschieden. Die Vielfalt der Natur übersteigt unser Vorstellungsvermögen. Jeder Baum hat eine besondere Struktur seiner Äste. Jede Katze hat eine Besonderheit, die sie von anderen Exemplaren ihrer Spezies unterscheidet. Mach dir bewusst, wie einzigartig jeder Stein, jede Blume, jeder Mensch in unserer Umwelt ist.

Wie sollte ich mit meinem beschränkten Verstand dann wirklich vorauswissen können, auf welche Weise mein Wunsch erfüllt werden wird? Dem Universum steht dafür eine unbeschränkte Vielzahl an Möglichkeiten zur Verfügung. Am besten, ich überlasse es ganz ihm, auf welche Weise und zu welchem Zeitpunkt die Lieferung meiner Bestellung am besten geschehen soll. Jede Forderung etwa der Art »Ich möchte es genau so, und zwar sofort!« reduziert diese unendliche Kreativität auf ein Minimum. Und diese Reduzierung macht dann oft die Lieferung unmöglich. Ich halte mich damit selbst von der Erfüllung meines Wunsches ab.

Oft führe ich in diesem Zusammenhang Telefonate mit Lesern, die sich wünschen, einmal in einem meiner Seminare mit dabei zu sein. Sie fragen dann freundlich, wann ich einmal beispielsweise nach Norddeutschland komme. In ihrem Wunsch ist eingeschlossen, dass sie erst dann zu einem meiner Kurse kommen können, wenn sie endlich nah genug an ihrem Wohnort stattfinden.

Frage ich meinerseits die Leute, ob sie nicht beispielsweise mein Seminar im 200 Kilometer entfernten Münster besuchen wollen, dann sprechen meist eine ganze Anzahl guter Gründe dagegen. Die Reise ist zu lang, zu teuer oder zu beschwerlich. Oder die Kinder, der Hund, die Katze, das Haus können nicht allein gelassen werden. Um nur einige Gründe zu nennen.

Meist sage ich diesen Menschen, dass auch ich selbst früher so gedacht habe. Natürlich ist es einfacher, in der gewohnten Umgebung zu bleiben. Selbstverständlich sind Reisen anstrengend und verursachen Stress. Ganz bestimmt werde ich dabei mit Problemen konfrontiert, die ich nicht absehen kann. Die Bahn kommt vielleicht zu spät, es könnte Stau auf der Autobahn geben, das Übernachtungsquartier stellt sich als Katastrophe heraus oder mein Hund wird währenddessen krank, und ich kann ihn nicht selbst versorgen. Das ist alles möglich. Aber sind das wirklich Gründe, etwas nicht zu tun? Gründe, die gegen etwas sprechen, finde ich immer. Sie spiegeln mir nur meine innere Einstellung wider: Im Grunde möchte ich nichts verändern. Eigentlich möchte ich nicht wachsen.

**Ein äußeres Hindernis ist in Wahrheit nur Ausdruck meiner inneren Beschränkung.**

Genau betrachtet ist doch das ganze Leben so. Mein ganzes Leben ist wie solch eine Reise zu einem Seminar. Nur noch länger, noch weniger vorhersehbar und ganz sicher auch immer wieder mit Problemen verbunden. Darum gilt auch hier die Aussage der mittelalterlichen Mystiker: »Im Kleinen wie im Großen. Und im Großen wie im Kleinen.«

Wenn ich mir schon Sorgen mache, wie wohl eine Fahrt über ein paar hundert Kilometer verlaufen wird, dann ist meine Verunsicherung sicher noch viel größer, wenn es gleich um den Rest meines Lebens geht. Diese Reise ist noch viel unklarer. Und darum versuche ich, an allem Alten und Wohlbekannten festzuhalten, das es nur gibt. Darum wage ich kaum je einen Schritt ins Neue, denn wer mag schon wissen, was dann, in solch unbekanntem Terrain, alles geschehen kann.

Die vielen guten Gründe, etwas nicht zu tun, sind darum oft genug Schutzbehauptungen. Gründe gegen etwas werde ich immer finden, wenn ich den Schritt nach vorn nicht wagen will. Wenn ich Angst vor Veränderung habe. Wenn ich Angst habe, die möglicherweise entstehenden Probleme nicht bewältigen zu können.

Aus nur zu guter eigener Erfahrung bin ich mit diesem Thema sehr vertraut. Vielleicht kennt jeder diese Angst vor dem Neubeginn. Ich erinnere mich noch drastisch an meine Angst, auf die Universität zu gehen und meine altbekannte Schule nach dem Abitur zu verlassen. Vom Sternzeichen Krebs geprägt gehe ich gern zwei Schritte vor und dann wieder einen zurück. Irgendwann kam der Moment, in dem ich eine eigene Wohnung bezog, was zwangsläufig damit einherging, das sichere Elternhaus loszulassen und Verantwortung für mich selbst zu übernehmen. Mein inneres Zögern war damals sehr groß. Ähnliche Meilensteine meines Lebens gab es noch viele: jeder Stellenwechsel hin zu einer neuen Tätigkeit, jede neue Wohnung, jeder Umzug, jede neue Partnerschaft. Ebenso die Kündigung meiner Festanstellung, um selbständiger Autor zu werden. Besonders gut ist mir der Augenblick in Erinnerung, als mir meine Frau offenbarte, dass wir Eltern von Zwillingen wurden. Der Start in mein Vatersein war sicherlich die größte Herausforderung. Und damit verbunden erlebte ich auch die größte Angst und Unsicherheit.

Im Grunde ist jede Sekunde, die verrinnt, solch ein Neuanfang. Immer, in jedem einzelnen Moment, wird die Zeit neu geboren. Und dieser Moment trägt in sich alle Möglichkeiten des Universums, die hier potentiell verborgen liegen. Die ganze Vielfalt, die sich vor mir entfalten will.

Diese unermesslichen Möglichkeiten können sich mir aber nur eröffnen, wenn ich meine Fernbedienung aus der Hand lege, den Hintern vom Sofa nehme und sinnbildlich meine Koffer packe. Es kann sich nur dann etwas in meinem Leben bewegen, wenn ich mich bewege. Das ist sowohl körperlich zu verstehen, auf mein Außen, wie auch seelisch-geistig, auf mein Inneres bezogen.

> Jede Veränderung in meinem Leben
> kann nur aus mir selbst entspringen.

Um etwas in meinem Leben nach vorn zu bringen, muss ich darum auch bereit sein, mich selbst zu bewegen. Es wäre nur scheinbar einfacher, wenn das Seminar, das ich gern besuchen würde, gleich bei mir um die Ecke stattfinden würde. Sicher, ich hätte es dann bequemer und könnte zu Hause schlafen. Aber ist nicht gerade auch die Veränderung der gewohnten Umgebung Teil der gesamten Veränderung, die ich innerlich anstrebe? Deshalb gehen ja viele Menschen auf Wanderschaft, und gerade darum ist der Jakobsweg schon seit Jahren so populär.

Denn durch meine Bereitschaft, einen neuen Weg zu beschreiten, gebe ich dem Universum zahllose neue Gelegenheiten, mich zu fördern und zu unterstützen. Ich sammle neue

Eindrücke, begegne neuen Menschen, lerne, mit unbekannten Situationen klarzukommen, finde andere, kreative Lösungen, entdecke mich neu und anders. Vor allem braucht es dazu aber meine Offenheit für das Neue in meinem Leben. Und damit meine ich kein neues Sofa und keine neue Fernbedienung.

Noch sehr genau erinnere ich mich an meine inneren Widerstände, als ich mit Anfang 30 das erste Selbsterfahrungs-Seminar besuchte. Ich weiß noch, welche Einwände ich lange vor mir herschob, um vielleicht doch nicht die 80 Kilometer hinzufahren. Als ich schließlich am Seminarort ankam – es war in Essen –, dachte ich, es sei eine Veranstaltung nur für Ältere, da ich zu früh dort war und die anderen schon eingetroffenen Teilnehmer alle bereits das Rentenalter erreicht hatten. Nur mühsam konnte ich den Impuls überwinden, gleich wieder davonzulaufen und nach Hause zurückzufahren. Das erwies sich rückblickend betrachtet als wahrer Segen, denn das Wochenende brachte mich wirklich weiter, und ihm folgten darum noch viele weitere Seminar-Wochenenden.

Auch heute noch gehe ich sehr gern auf meine eigene Pilgerfahrt, wenn ich einmal im Jahr die fünfstündige Fahrt in die Schweiz antrete, um an einem Retreat teilzunehmen. Der Rückzug in die Berge, die Veränderung der äußeren Umstände, das Wandern, die Gespräche, all dies ist so wichtig für mich geworden, um einmal ganz leer werden zu können vom Alltagsgetriebe und neue Impulse und Eindrücke zu sammeln.

Übrigens: Es gibt noch den Trick, bei einer neuen Erfahrung zwar körperlich anwesend, aber dafür geistig abwesend zu sein. Auch das kenne ich von mir selbst. Dann sitze ich beispielsweise fern des Alltags im Seminarraum, denke aber andauernd nur an die Arbeit oder an die Beziehung. Ich höre dann nicht wirklich zu und kriege darum den Inhalt des Gesagten gar nicht richtig mit. Varianten dieser inneren Flucht können die spätere An- oder frühere Abreise vom Seminarort sein, so dass ich im Ergebnis nur die Hälfte der Veranstaltung mitbekomme. Ich nehme dann nicht wirklich am Geschehen und der Gruppe teil, weil ich unbewusst spüre: Hier werden Teile in mir angesprochen, die Veränderungen herbeiführen würden, die ich eigentlich doch lieber noch nicht vornehmen möchte.

Eine andere Art der Flucht vor Veränderung besteht im Übertreiben. Ich kann beispielsweise jedes Wochenende ein Seminar oder eine Weiterbildung besuchen und mich völlig zudröhnen mit Informationen. Nach solch einem »Seminar-Marathon« weiß ich dann irgendwann gar nichts mehr, mir brummt nur noch der Kopf. Ich komme gar nicht mehr zu mir und gebe mir auch keine Zeit, die Erfahrungen und das Erlebte zu verarbeiten. Auch hier bleibt als Resultat unter dem Strich, dass ich am Ende des Seminar-Parcours so durcheinander bin, dass ich froh bin, alles beim Alten lassen zu dürfen. Denn zu einer Entscheidung, was ich verändern will, komme ich dann gar nicht mehr.

───────◯ ♡ ◯───────

**Danke für die Lieferung:** Eine unverhoffte Lieferung hat mir vor kurzem eine sehr anstrengende Reise erspart. Ich wurde mit meinem Buch *Weiterleben ohne dich* in die Talkshow »Kölner Treff« eingeladen, die an einem Freitag live bis in den späteren Abend hinein aufgezeichnet werden sollte. Da ich am darauffolgenden Samstag aber gleich in Österreich ein Wochenendseminar zu geben hatte und kein Flug mehr möglich war, wäre eine beschwerliche Reise im Nachtzug von Köln nach München nötig geworden. Ich sagte also zu, der wunderbaren Gelegenheit wegen, wünschte mir aber vom Universum eine Lösung, die mir diese Strapaze ersparte. Und sie kam! In Brasilien fand die Fußball-Weltmeisterschaft statt, und ein Ausscheidungsspiel der deutschen Mannschaft fiel genau auf den besagten Freitagabend. Natürlich wollten alle das Spiel sehen (ich auch!), und so wurde die Sendung schon am Nachmittag aufgezeichnet. Ich konnte also ganz gemütlich morgens von München nach Köln und abends zurückfliegen, im eigenen Bett schlafen und am nächsten Tag entspannt nach Tirol zum Seminar anreisen. »Wenn der Geist bereit ist, sind die Dinge bereit«, soll schon Shakespeare gesagt haben.

──────── ──────── ────────

# 8

## Versöhne dich mit dir selbst

*Schaffe zuerst Frieden in dir selbst.
Dann kannst du ihn auch zu anderen
bringen.*

Thomas von Kempen

*Im Annehmen ist eine große Kraft verborgen, mit deren Hilfe es
mir gelingen kann, die Dinge meines Lebens zum Besseren zu verändern. Ablehnung zieht stattdessen das Abgelehnte immer wieder
von neuem an. Wenn es mir gelingt, die Ablehnung zu überwinden, finde ich automatisch immer mehr zur Akzeptanz.*

*Die Kraft, die in mir wirkt, wenn ich Akzeptanz und Annah-
me kultiviere, ist die Liebe. Akzeptanz ist Liebe. In diesem Zusammenhang ermöglicht das hawaiianische Vergebungsritual Hooponopono, auch in scheinbar festgefahrenen persönlichen Streitereien,
ganz neue Lösungswege zu eröffnen. Schließlich schenkt mir die
Liebe auch Antworten auf die ungelösten Fragen meines Lebens:
»Warum passiert mir das? Was soll ich daraus lernen?«*

Kürzlich sah ich einen Film über Nelson Mandela. »Invictus –
unbezwungen« schildert seine erste Zeit als Präsident von Südafrika. Damals, 1994, war die Kluft zwischen Schwarzen und
Weißen noch sehr tief, und Rassenkonflikte bestimmten den

Alltag. Obwohl Mandela für seinen weitgehend gewaltfreien Kampf gegen das weiße Regime fast 28 Jahre lang inhaftiert wurde, war seine Präsidentschaft geprägt vom Wunsch nach Versöhnung. Er sah in ihr die einzige Möglichkeit, Südafrika als Staat zu festigen und eine Nation zu werden.

Im Film nutzt Mandela dazu sehr geschickt die anstehende Rugby-Weltmeisterschaft im eigenen Land. Die »Springboks« genannte Nationalmannschaft galt bis dahin als Aushängeschild der weißen Herrschaft und wurde darum von den Schwarzen boykottiert. Mandela nutzte die mit dem Fortschreiten der Weltmeisterschaft steigende Popularität der Mannschaft, um immer mehr Schwarze für sie zu gewinnen. Im Finale, das Südafrika unerwartet gegen den Favoriten gewann, zeigte sich Mandela selbst im Trikot der »Springböcke«, um seine Unterstützung kundzutun. Der Sieg seiner Mannschaft schuf dann ein Symbol für ein neues Südafrika, in dem Schwarze und Weiße immer friedlicher miteinander leben konnten.

Die Begründung, mit der Mandela seine »Politik der Versöhnung« erklärt, ist tief geprägt von Akzeptanz. Für ihn ist nicht nur der unterdrückte schwarze Teil der Südafrikaner von den Fesseln der Apartheid zu befreien, sondern auch die herrschende weiße Minderheit. Das klingt zunächst verwirrend, doch für Mandela ist auch der Unterdrücker unfrei, da es ihm an Menschlichkeit fehlt. Er hängt im eigenen Käfig der Unterdrückung fest. Auch er muss darum befreit werden – frei wird er erst, wenn er seine Ablehnung gegen die schwarzen Mitbürger überwindet.

Dies spiegelt auch meine eigene Erfahrung wider. Dort, wo ich dagegen bin, mache ich mich selbst zum Gefangenen. Denn das, was ich ablehne, ist ein Teil des Universums und gehört ganz offensichtlich zur Schöpfung dazu. Ich habe aber die Meinung, das Abgelehnte sei nicht gut, ganz egal, warum. Damit möchte ich nichts zu tun haben. Also grenze ich es aus, gehe ihm aus dem Weg.

**Dort, wo ich ablehne, kämpfe ich gegen mich selbst.**

Das Universum ist aber selbstverständlich der Meinung, dass auch das, was ich so vehement ablehne, weiterhin ein Teil der Schöpfung bleibt. Warum wäre es sonst erschaffen worden? Wie sollte es auch anders sein? Was immer ich ablehne, es verschwindet ja dadurch nicht. Es bleibt ein Teil von dieser Welt. Wenn ich zum Beispiel einen bestimmten Menschen nicht mag, dann ändert sich ja nichts an diesem Menschen. Er bleibt genau, wie er ist.

Es ist nun aber eine spannende Erfahrung, dass uns gerade diese Kandidaten, die wir so rein gar nicht mögen, immer wieder im Leben begegnen. Sie scheinen uns regelrecht hinterherzulaufen. Kaum hat man den einen Job verlassen, weil man mit dem Chef nicht klarkam, schon wartet im neuen Job ein ähnlicher Vorgesetzter. Oder man trennt sich von seinem Partner

… und der neue Partner, den man wenig später findet, erweist sich nach kurzer Zeit als ganz ähnlicher Charakter wie sein Vorgänger.

Ich erkläre mir das so ähnlich, wie sich beim Waschen die Seifenmoleküle um ein Schmutzpartikel anordnen. Damit das Kleidungsstück sauber wird, löst die Seife den Schmutz von der Kleidung, indem sie ihn ganz umhüllt und umgibt. Der Schmutz verliert dann die Haftung am Stoff und wird vom Wasser fortgespült.

Ähnlich werde auch ich vom Universum von meiner Ablehnung »reingewaschen«. Wenn ich einen bestimmten Typus Mensch ablehne, dann präsentiert es mir immer neue, andere Menschen, die genauso sind, wie ich sie eben nicht mag. Im oberen Beispiel bin ich dann selbst das »Schmutzpartikel«, das von genau den Menschen umgeben wird, die ich ablehne. So wie die Seifenteilchen den Schmutz.

Das Universum macht sich offenbar einen Spaß daraus, mich immer aufs Neue mit Menschen in Kontakt zu bringen, deren Eigenarten ich ablehne. Das ist anscheinend ein kosmisches Prinzip. Solche Menschen werden mir vom Schicksal »geliefert«, um mir deutlich zu machen, dass Ablehnung ganz einfach nicht funktioniert. Denn der Teil, den ich am anderen ablehne, ist unbewusst mein eigener. Ich kann ihn nicht wegwünschen. Aber ich kann ihn mir bewusst machen.

Und hier kommen Versöhnung und Annahme ins kosmische Spiel. Mandela sagte, dass auch der Unterdrücker gefangen im Käfig seiner eigenen Ablehnung schmort. Um davon befreit zu werden, darf ich den abgelehnten Teil in mir integrieren. Ich darf erkennen: Hier kämpfe ich nur gegen mich selbst und gleichzeitig gegen das Universum. Ich kann nicht wegwünschen, was offensichtlich da ist. Der einzige gangbare Weg ist, mich mit dem anderen und damit mit den ungeliebten Teilen meiner selbst zu versöhnen.

**Um etwas verändern zu können,
muss ich es zuerst akzeptieren.**

Akzeptanz ist der Schlüssel, der die Tür zum Universum öffnen kann. Der abgelehnte Mensch bleibt, wie er ist. Aber ich ändere mich, integriere durch die Praxis der Akzeptanz das zuvor noch Abgelehnte und werde darum davon frei. Der andere muss das Abgelehnte dann nicht mehr für mich repräsentieren, und darum stört es mich auch nicht mehr an ihm. Es gibt dann auch keinen Grund mehr, warum das Universum mir weiterhin solche Menschen liefern sollte. Der Drops ist gelutscht. (Aber sei gewiss, es warten sicher noch viele neue in der Bonbonniere des Lebens!)

Übrigens ist auch der Bestellkanal beim Wünschen durch Ablehnung so verstopft, dass gar nicht geliefert werden kann, was ich eigentlich möchte. Der Himmel wird durch meine Ablehnungen gewissermaßen zugenagelt. In *Bestellung nicht angekommen* habe ich bereits ausgeführt, dass Ablehnungen unbewusste Bestellungen sind. Manchmal bekommen wir nämlich genau das geliefert, was wir nicht wollen. Ablehnung besitzt nun einmal eine sehr große Anziehungskraft. Oft sogar noch mehr als unsere »nur« bewusst ausgedrückten Wünsche.

## Übung 8: Welche Art Mensch lehne ich ab?

Wo bin ich dagegen? Schreib dir alles auf, was du an einem anderen Menschen nicht ausstehen kannst. Mach ruhig eine richtig lange Liste deiner Anklagepunkte. Bist du schon einmal vor solch einem Charakter davongelaufen? Hattest du Erfolg damit? Frage dich außerdem, wo dir in deiner Welt immer wieder Menschen mit genau dieser Eigenschaft begegnet sind. Hattest du wirklich Erfolg mit deinen Ablehnungen?

Mandela hat es geschafft, den Anstoß zur inneren Befriedung gleich einer ganzen Nation zu geben. Auch wenn dieser Prozess vielleicht noch nicht abgeschlossen ist, so wurde doch durch seine Lebensleistung ein großes Stück Versöhnung in Südafrika vollbracht. Aber auch in jedem von uns warten viele eigene Anteile darauf, mit unserem ganzen Wesen versöhnt zu werden.

Die für mich aktuell wirkungsvollste und gleichzeitig spielerisch einfache Technik zur Selbstversöhnung ist seit einigen

Jahren auch im deutschsprachigen Raum immer bekannter geworden. Sie stammt ursprünglich aus Hawaii und nennt sich Hooponopono, übersetzt »Etwas tun, um wieder zu Frieden zu gelangen«. Ich hatte das Glück und die Freude, hierzulande einer der Wegbereiter für dieses Vergebungsritual werden zu dürfen.

Der schlichte Ansatz der Hawaiianer beruht dabei auf der Tatsache, dass wir Menschen untereinander wie mit einem unsichtbaren Band verbunden sind. Habe ich ein Problem mit einem anderen Menschen, dann sind beide Personen beteiligt. Der andere spürt meine Ablehnung und ich spüre seine. Den anderen kann ich zur Verbesserung dieser Situation nicht verändern, wohl aber mich selbst. Den Frieden, den ich mit dem anderen gern haben will, muss ich darum zuerst in mir selbst entwickeln. Finde ich mit Hilfe des Vergebungsrituals wieder in meinen inneren Frieden zurück, so wird auch mein Sparringspartner meine innerliche Veränderung auf der Seelenebene wahrnehmen. Er fühlt sich nicht mehr bedroht und geht seinerseits besser und freundlicher mit mir um. Hooponopono ist damit ein kraftvolles Instrument, um mich mit mir selbst und meiner äußeren Welt zu versöhnen.

Genau genommen beweist die Wirkung dieses Vergebungsrituals, dass wir als Menschen auf einer unsichtbaren Ebene alle eins sind. Genau hier wirkt Hooponopono. Einfach umschrieben würde ich diese Kraft, die hinter meinem Bestreben zur Versöhnung steht, Liebe nennen. Hooponopono bringt mich zurück in die Liebe. Alles, was ich tun muss, ist, ihr die Regie zu überlassen. Wenn ich mich mit der Liebe verbinde, hat sie alle Kraft zur Befriedung meiner Disharmonien, im Außen wie in meinem Inneren. Ich muss nur in Kontakt zu ihr treten. Die Verbindungstür zu ihr befindet sich in meinem Herzen.

Die verbreitetste Variante des Hooponopono verwendet vier Aphorismen, um zurück in den Frieden mit mir und meiner Welt zu finden. Sie lauten:

**Es tut mir leid.**
**Bitte verzeih mir.**
**Ich liebe dich.**
**Danke.**

Immer wenn ich spüre, dass ein anderer Mensch mich nervt oder stört, spreche ich diese Sätze mit der tiefen Bitte, Versöhnung mit dieser Person finden zu dürfen. Meist spüre ich dabei schon nach kurzer Zeit ein Gefühl von Entspannung, oder dass sich etwas in mir auflöst und freier wird. Mit dieser populärsten Form des Hooponopono konnten bereits viele Menschen die Erfahrung machen, wie einfach sich Streitereien in ihrem Leben auflösen lassen.

Um noch deutlicher zu machen, dass besonders die Liebe im Herzen bei diesem Ritual wirksam ist, habe ich daraus gemeinsam mit Bärbel im Jahr 2008 das »Hoppen« entwickelt, eine etwas andere Form des Hooponopono. Hoppen ist noch einfacher, und man kommt sogar ohne die genannten vier Sätze aus. Hier möchte ich dir gern zwei seiner Varianten vorstellen, die Herzenstechnik und die doppelte Verständnistechnik.

Bei der Herzenstechnik ist, wie der Name schon sagt, die Kraft des Herzens am wichtigsten. Um sie anzuwenden, gehe ich zuerst ganz in mein Herz und lade den ungeliebten Teil meiner selbst dorthin ein. Am besten suchst du dir für die nächste Übung einen Menschen in deiner Umgebung aus, mit dem du aktuell ein Problem hast. Dann gehst du vor wie folgt:

## Übung 9: Die Herzenstechnik

Zuerst wähle eine Zeit am Tag, zu der du gänzlich ungestört bist. Der frühe Morgen und der späte Abend eignen sich am besten. Setz dich auf einen Stuhl oder dein Meditationskissen und atme einige Male ruhig und langsam ein und aus. Dann lege beide Hände auf dein Herz, schließe deine Augen und spüre in deine Handflächen hinein. Bereits nach kurzer Zeit werden die Hände und die Brustregion warm.

Nun stell dir vor, diese Wärme sei ein Ausdruck der Liebe in deinem Herzen. Sie zeigt sich dir gerade, weil du den innigen Kontakt zu deinem Herzen suchst. Geh darum noch stärker in Verbindung zu deiner Mitte, deinem Zentrum und deinem Herzen, und beginne, ganz bewusst diese Herzenswärme in dir zu unterstützen. Du spürst es daran, dass die Wärme sich noch weiter ausbreiten will. Mach ruhig in dieser Weise weiter, bis der ganze Brustraum, Rücken und vielleicht sogar dein ganzer Körper sich angenehm warm anfühlen.

Nun bist du bereit für die Herzenstechnik. Denke kurz an den Konflikt mit dem anderen Menschen und sprich zu dir innerlich die Worte: »Dieses Problem mit der anderen Person hat auch etwas mit mir selbst zu tun. Es gibt einen Teil in mir, der mit diesem Problem korrespondiert. Ich lade nun diesen Teil in mir, der mit dem Streit und der Auseinandersetzung zusammenhängt, in mein Herz ein. Er wird wissen, dass er gemeint ist. Dann bitte ich die Wärme, die Ausdruck meiner Liebe ist, sich im Herzen um diesen Teil von mir zu versammeln, ihn einzuhüllen und ihn wieder in Frieden zu bringen. Wenn ich mich auf diese Weise mit dem Teil in mir versöhne, der Auslöser des Problems im Außen ist, wird die Versöhnung bald schon auch mit diesem anderen Menschen stattfinden können.«

Spüre in dich hinein, ob du etwas spürst, das sich in dir verändert. Wenn nicht, ist das nicht schlimm. Gerade am Anfang ist es vollkommen ausreichend, einfach deine Absicht zu erklären, die Versöhnung in dir und nachfolgend auch in deinem Außen herbeizuführen. Atme zum Ende der Übung nochmals einige Male ein und aus, bewege dich dann ein wenig, öffne die Augen und finde wieder ganz in deinen Alltag zurück.

Die Herzenstechnik bringt dich in einen engen Kontakt zu deinem Herzen. Sie macht die Liebe in dir spürbar und erlebbar. Und sobald die Beziehung zu dem anderen Menschen sich zu verbessern beginnt, wird dieser Erfolg dir zeigen, wie sehr die folgende Aussage wirklich zutrifft:

Ein äußeres Problem ist ursächlich
ein inneres Problem ist von mir selbst.

Löse ich darum meinen inneren Konflikt, so löst sich auch der äußere. Den Frieden, den ich in meiner Umwelt vermisse, werde ich in dem Moment erhalten, wenn ich ihn in meinem Inneren entdecke.

Bleiben wir aber noch ein bisschen bei dem von dir eben ausgesuchten Problem mit einem bestimmten Menschen. Wir fragen uns in solchen Konfliktsituationen häufig: »Warum, verflixt nochmal, habe ich bloß diesen Streit mit diesem Blödmann?« Und wir finden beim besten Willen keine Antwort. Hier kann die doppelte Verständnistechnik hilfreich sein.

Denk also bitte noch einmal an denselben »Problem-Menschen« wie eben und mach die folgende Übung:

## *Übung 10: Die doppelte Verständnistechnik*

Gehe zuerst genauso vor wie eben bei der Herzenstechnik: Setz dich bequem hin, lege die Hände auf die Brust und atme einige Male locker ein und aus. Dann spüre die Wärme in deiner Brust und lass sie sich mit Hilfe deiner Absicht im Körper ausbreiten. Gehe ganz in Kontakt zu deinem Herzen und frage dann in dich hinein:

1. Wenn ich dieser Mensch wäre, warum würde ich mich so verhalten? Frage direkt dein Herz, mach dich leer und warte auf eine Antwort. Lass die Frage in dein Herz sinken, und die Antwort wird sich ganz von selbst einstellen, ohne Denken.
2. Frage dich selbst: Warum habe ich mir diesen Menschen ausgesucht, mit diesem Problem? Welchen Sinn hat es, dass ich mit diesem Menschen streite? Warte wieder tief in dir drin auf eine Antwort.

Beende in beiden Fällen die Übung bereits nach kurzer Zeit, sobald eine Antwort in dir aufgestiegen ist. Atme noch einmal tief ein und aus, bewege Arme und Beine und öffne deine Augen wieder.

Auch ein Problem ist eine Lieferung des Universums. Zwar keine, die ich mir gewünscht habe, aber immerhin. Die normale

Reaktion bestünde nun darin, auf das Problem und den anderen Menschen zu schimpfen und ihm die Schuld an der Misere zu geben. Beim Hoppen ist mir aber der eigene Anteil am Ganzen klar. Ich möchte die Verantwortung auch für diese Lieferung und das damit verbundene Problem übernehmen. Die Suppe habe ich mir, wie auch immer, selbst eingebrockt. Beim Hoppen löffle ich sie nun auch selbst wieder aus. Ich versöhne mich mit mir und dem inneren Anteil von mir, der mit dem äußeren Problem korrespondiert. In einer Art Spiegelung versöhne ich mich auch mit dem scheinbaren Feind im Außen. Ich finde in Harmonie mit mir selbst zurück und werde durch äußeren Frieden belohnt.

Schließlich beantwortet mir die doppelte Verständnistechnik auch die Frage, warum ich dieses bestimmte Problem in meinem Leben habe. Was, zum Kuckuck, soll ich daraus lernen? Bekomme ich eine Idee davon, wie der andere mir meinen eigenen Anteil am Problem spiegelt, habe ich schon den ersten Schritt zur Heilung getan.

Danke für die Lieferung: In einem meiner Seminare zum Hooponopono fragte eine Teilnehmerin, Nicole, warum sie bereits seit vielen Jahren keinen Partner mehr finden konnte. Sie bat deshalb darum, dieses Thema in der Gruppe einmal mit der doppelten Verständnistechnik anschauen zu dürfen. Alle Seminarteilnehmer übernahmen stellvertretend zuerst die Rolle ihres zukünftigen Lebenspartners und fragten: »Wenn ich Nicoles Lebenspartner für die Zukunft wäre, warum würde ich mich vor ihr verstecken? Was hält mich davon ab, mit ihr zusammenzukommen?«

Die Antworten der Gruppe waren ähnlich und drehten sich um die Aussage: »Wenn ich Nicoles Lebenspartner in spe wäre, dann würde mich etwas in Nicole selbst abhalten, zu ihr zu kommen. Irgendetwas ist ihr offenbar wichtiger als ich.«

Also schauten wir uns Nicole selbst mit Hilfe der zweiten Frage noch einmal genauer an: »Wenn ich Nicole wäre, was würde mich davon abhalten, eine neue Beziehung einzugehen?« Die treffendste Antwort lautete: »Ich kenne mich aus früheren Partnerschaften ganz genau. Wenn ich wieder einen Mann hätte, würde ich alles für ihn tun und nichts mehr für mich. Davor habe ich Angst. Gerade in den letzten Jahren konnte ich als Single für mich persönlich viele Erkenntnisse sammeln und bin dabei innerlich gewachsen. Meine Sorge ist, dass das alles für die Katz wäre, wenn ich wieder fest mit einem Partner zusammenleben würde. Darum bleibe ich lieber allein.« Nicole konnte dieser Aussage nur zustimmen.

# 9

## Wie wirklich ist die Wirklichkeit?

> *Toleranz ist der Verdacht,*
> *dass der andere Recht hat.*
>
> Kurt Tucholsky

*Akzeptieren bedeutet viel mehr, als bloß zu sagen: »Ist schon okay!
Ich mag dich zwar nicht, aber passt schon!« Dem Akzeptieren
wohnt eine ganz eigene stille Kraft inne, die wirkt, wenn wir den
anderen ganz so annehmen können, wie er ist. Mit allen Fehlern
und Macken und besonders dann, wenn er uns auch manchmal
nervt. Dabei kann es hilfreich sein, seine eigene Einstellung dem
anderen gegenüber immer wieder neu zu überprüfen. Gibt es vielleicht auch eine Chance, mit diesem Menschen einmal ganz anders
umzugehen?*

Die bekannte deutsche Schauspielerin Inge Meysel, die leider
bereits verstorben ist, berichtete vor etlichen Jahren in einer
Talkshow über ihre spannende Erfahrung mit einer Terrine
Eintopf. Sie war damals schon über 70, körperlich aber noch
fit. Bei der Arbeit für eine Fernsehproduktion ging sie mittags
in die Kantine der Fernsehanstalt, um sich eine Erbsensuppe
mit Wurst auf einem separaten Teller zu besorgen. Sie stellte

die Mahlzeit an einen freien Stehtisch und ging noch einmal fort, um sich einen Löffel zu besorgen. Verblüfft erkannte sie bei ihrer Rückkehr, dass ein genüsslich schmatzender dunkelhäutiger Mann sich ihres Eintopfs bemächtigt hatte. Frau Meysel stutzte zunächst und war dann kurz empört über diese Unverfrorenheit. Dann dachte sie sich: »Na, dem werde ich es zeigen!«, ging zurück an den Tisch zu diesem ihr völlig fremden Mann und stellte sich entschlossen dazu. Dann schnappte sie sich die Wurst und biss entschlossen hinein. Der Mann schaute zunächst erstaunt auf, schenkte Frau Meysel dann ein breites Lächeln, wie es nur die dunkelhäutigen Vertreter unserer Spezies zustande bringen, und aß dann selbst kommentarlos weiter. Als die beiden bald darauf fertig mit dem Essen waren, sah Frau Meysel am Nachbartisch ihre eigene Terrine samt Wurst herrenlos herumstehen. Sie hatte sich tatsächlich im Tisch geirrt! Sie hatte ihre eigene Suppe übersehen! Es war die Wurst ihres Tischgenossen gewesen, die sie eben so fest entschlossen verspeist hatte!

Diese Art von Versehen passiert mir selbst auch immer wieder. Ich ärgere mich über etwas und muss mir dann eingestehen, wie sinnlos und unbegründet es war. In meiner Rage über ein ach so gemeines Verhalten eines anderen Menschen übersehe ich geflissentlich die Tatsachen und mache mir mein eigenes, völlig irreales Bild der Dinge. Wenn Liebe blind macht, dann tut es ganz bestimmt noch mehr ihr Gegenteil, Hass und Ablehnung. Warum hat Frau Meysel ihre eigene Suppe einfach übersehen? Sie war fixiert auf den Gedanken, jemand hätte ihr etwas weggenommen, und in ihrer Empörung sah sie nur noch Rot. Und nicht mehr die vor ihr liegende Wirklichkeit.

Ich habe dieses Beispiel hier aufgeführt, weil es gleich auf mehrfache Weise trefflich Einblick in unser alltägliches Verhalten gibt. Sehen wir es uns doch einmal genauer an:

- Wir treffen Entscheidungen darüber, wie wir eine Situation einschätzen, so gut wie immer auf der Basis einer mangelhaften Datenlage. Oft ärgern wir uns dann über Dinge, die in Wahrheit ganz anders sind, als wir denken.

- Am Beispiel der Erbsensuppe wird klar: Wenn ich mich ungerecht behandelt fühle und spontan dementsprechende unreflektierte Handlungen nachfolgen lasse, tue ich leicht selbst jemand anderem Unrecht! Dieses neue, von mir allein initiierte Unrecht wird dann im Normalfall weitere Handlungen der anderen Person nach sich ziehen, die annehmen muss, ich wolle ihr übel mitspielen. Ein Pingpong-Effekt setzt ein, den ich so bestimmt nicht herbeiführen wollte.

- Den Joker hat aber in diesem Schauspiel zweifellos der namenlose dunkelhäutige Tischgenosse gezogen. Statt sich aufzuregen, wie es ein anders gestrickter Charakter aller Wahrscheinlichkeit nach getan hätte, erkennt er sofort den Witz der Situation. Eine sehr rustikal auftretende ältere Dame kommt an seinen Tisch und klaut ihm seine Wurst? Na, dann soll sie doch! Und er lacht sich kaputt darüber. Er lacht über das Stück, das ihm auf seiner Bühne des Lebens von dieser entrüsteten Frau live und in Farbe frei Haus geliefert wird. Das ist doch genau betrachtet sogar besser als Fernsehen!

Vielleicht ist das ein guter Vergleich. Wenn ich in die Bildröhre meines Flimmerkastens blicke, dann ist mir meistens klar: Das Drehbuch für den gerade sichtbaren Fernsehfilm hat jemand anderer geschrieben. Ich schaue nur zu. Natürlich fiebere ich mit dem Hauptdarsteller mit und gehe durch eine ganze Reihe von Emotionen hindurch. Im normalen Alltag denke ich stattdessen: Das ist jetzt der Ernstfall. Da will mir einer Böses. Ich muss mich schützen. Ich stelle mich dagegen. Aber kann ich mir da wirklich immer so sicher sein? Ist nicht jeder in seinem subjektiven »Lebensfilm« gefangen und in der Art und Weise, wie er das Geschehen in seiner Umwelt wahrnimmt und interpretiert?

Die wahre Größe des dunkelhäutigen Mannes in unserer Eintopf-Story ist darum vor allem darin zu sehen, dass er sich nicht angegriffen fühlt. Dass er das ihm zugefügte Unrecht einfach bejaht, akzeptiert und sogar dazu in der Lage ist, darüber zu schmunzeln. Jemand will ihm sein Essen mopsen, und er bleibt wie Buddha persönlich in seiner Mitte. Und grinst.

Und – er gewinnt! Durch sein Lachen hat er den maximalen Erfolg erzielt. Er schenkt Frau Meysel eine kostenlose Lektion in Nächstenliebe, Güte und Akzeptanz. Was mag in ihrem

Kopf vorgegangen sein, als sie die eigene Suppe am Nachbartisch stehen sah? Sicher ganz viele Dinge gleichzeitig. Sie schämte sich ob ihres dreisten Verhaltens. Sie bat den Mann innerlich um Verzeihung, der aber die Kantine schon längst wieder verlassen hatte. Sicherlich bewunderte sie ihn für seine Gelassenheit. Und anschließend lachte sie dann ebenfalls über das Ganze und trug die Erzählung sogar in einer Talkshow vor, so dass ich hier nun ebenfalls darüber berichten kann.

Vor allem aber wird sie eine Lehre daraus gezogen haben. Beim nächsten, ähnlich anmutenden Vorkommnis, das ihr widerfuhr, hat sie sicher zweimal darüber nachgedacht, ob ihr wirklich ein Unrecht angetan wurde. Vielleicht hatte sie wieder einmal nicht genau hingesehen. Oder es fehlten ihr einfach Informationen, die ihr helfen würden, die Sachlage vollständig und richtig einschätzen zu können.

Darum hat Akzeptanz eine so große Kraft. Hätte sich Frau Meysels Tischgenosse stattdessen geärgert, geschimpft und vielleicht sogar gepöbelt, wäre es vielleicht zum Streit gekommen. Dann hätte Inge Meysel ihre eigene Suppe vielleicht auch irgendwann erblickt, wäre aber womöglich schon derart erbost über diesen Grobian gewesen, dass sie sich nicht einmal entschuldigt hätte.

Akzeptanz ist stattdessen eine Form von »gewaltfreiem Widerstand«. Sie führt zusammen, während das Ablehnen trennt und spaltet. Akzeptanz ist kein Nichtstun, sondern eine Art »Handeln im Nicht-Handeln«, wie wir es beispielweise aus dem Taoismus kennen. Wenn ich das Verhalten eines anderen Menschen akzeptiere, dann wende ich mich nicht ab, sondern bleibe in Kontakt zu ihm. Ich bedaure sogar, dass es im Moment nicht besser läuft mit uns beiden.

So, wie Gewalt zu noch mehr Gewalt führt, folgt auf das erste Unrecht bald schon das nächste. Akzeptanz durchbricht diese Abwärtsspirale und geht einen neuen Weg. Es ist ein Weg der Liebe. Es ist ein Weg in die Freiheit, weg von den selbstgemauerten Grenzen meiner Ablehnung.

Um Akzeptanz zu erlernen, braucht es im Grunde nur etwas Abstand von der Sache. Wenn ich mich vom anderen schlecht behandelt fühle, dann ist es meine freie Entscheidung, wie ich darauf reagieren will. Such dir doch am besten jetzt gleich einen Menschen aus, der dich im Moment schlecht behandelt. Und mach dann die folgende Übung:

## Übung 11: Akzeptieren lernen

Betrachte den Menschen, der dir gerade Unrecht tut, mit deinen Augen des Herzens. Was weißt du über seine Situation? Wie geht es ihm? Kennst du einen gemeinsamen Freund, den du danach fragen kannst? Sammle Informationen, die dir nützlich sein können. Kannst du einen Grund für sein schlechtes Verhalten finden? Gibt es einen Menschen, der ihm gerade Unrecht tut?

Nimm dir fest vor, das nächste Mal, wenn du dich unrecht behandelt fühlst, innerlich drei Schritte zurückzutreten. Statt dich spontan wieder mal über solch einen Flegel zu ärgern, wie du es normalerweise tust, halte einfach einen Moment inne, atme dreimal ein und aus und checke dann die Sachlage. Ist die Sache es wirklich wert, sich dermaßen aufzuregen? Tust du nicht vielleicht dem anderen Unrecht? Gibt es einen guten Grund für sein Verhalten? Versuche, auch dieses schlechte Verhalten zu akzeptieren. Dann bemerkt der andere vielleicht selbst seinen Fehler, ohne dass du etwas tun musst.

Wenn ich mich frage, warum ich gerade dieses Problem mit einem anderen Menschen habe, dann merke ich, dass dies gar nicht mehr so sehr im Mittelpunkt steht. Vielmehr beschäftigt mich jetzt, wie ich selbst wähle, die schwierige Situation wahrzunehmen. Ich frage mich dann: Wie gehe ich jetzt damit um?

**Es steht mir in jedem Augenblick frei, meine Wahl zwischen Akzeptanz oder Ablehnung zu treffen.**

Wie ich schon im Buch *Bestellung nicht angekommen* ausgeführt habe, ist beim Wünschen vor allem die innere Haltung entscheidend, die ich auf den Wunsch bezogen einnehme. Die innere Einstellung prägt aber auch, wie ich ganz allgemein mit Situationen in meinem Leben umgehe. *Will* ich mich vielleicht sogar ärgern? Bin ich schnell eingeschnappt oder verletzt? Gebe ich einem schwierigen Menschen nur selten eine zweite Chance? Ich könnte mich dann fragen: Was fehlt mir, um mit dieser Situation besser umgehen zu können.

Vielleicht finde ich dann Antworten, die etwa lauten: »Ich sehe ein, dass ich rasch ärgerlich werde. Es stimmt, nur allzu schnell fühle ich mich von anderen verletzt. Richtig, ich sollte sicher häufiger anderen Menschen, die mich stören, eine zweite Chance einräumen. Vielleicht ist diese Person ja beim zweiten Hinschauen gar nicht mehr so schlimm.«

Eine weitere wichtige Frage beim Erlernen von mehr Akzeptanz ist die folgende: Wie wirklich ist die Wirklichkeit? Liege ich mit meiner Einschätzung der Dinge in meinem Leben tatsächlich immer richtig?

Nach dem oben Ausgeführten wird sicher deutlich: So ganz sicher kann ich mir meiner Einschätzung doch häufig gar nicht sein. Wenn mir Unrecht geschieht, so kann ich mich fragen: Ist das wirklich wahr? Denke ich wirklich, mein Mann hat die berühmte Zahnpastatube nicht zugedreht, nur um mich damit zu nerven?

Gehe ich von mir selbst aus, dann sollte doch klar sein, dass ich niemals absichtlich jemandem wehtun wollte. Und mit Vorsatz und Freude schon gar nicht. Wenn überhaupt, verletze ich andere nur aus Versehen. Daraus sollte ich doch ableiten können: Wenn die allermeisten meiner Bekannten und Kollegen ähnlich ticken wie ich, dann gilt doch viel eher der Satz: Niemand tut absichtlich einem anderen Unrecht.

Das stimmt umso mehr bei den engsten Familienmitgliedern und Freunden. Menschen, die ich sehr mag, mögen mich gewiss auch umgekehrt. Sie wünschen mir ganz sicher, was ich ihnen auch am meisten wünsche: Glück und immer nur das Beste.

Dies sollte mein Vorsatz sein bei allem, was das Universum mir in jedem Moment liefert. »Wenn das Leben dir Zitronen gibt, mach Limonade draus!«, um einen Buchtitel von Virginia Euwer Wolff zu zitieren. Ich sollte in Zuversicht das Beste erwarten, und ist dies einmal nicht der Fall, dann liegt es in meinem Ermessen, wenigstens etwas Gutes daraus zu machen. Es ist genau diese innere Haltung, die mich befähigt, mit den immerwährenden Lieferungen des Universums in Akzeptanz zu kommen. Es wird alles gut, und kommt es einmal anders, dann mache ich trotzdem etwas daraus. Um noch einmal Goethe zu zitieren: »Auch aus Steinen, die einem in den Weg gelegt werden, kann man Schönes bauen.«

Danke für die Lieferung: Als unsere Kinder noch klein waren, wohnten wir in einer sehr schönen abgeschlossenen Wohnanlage mit großem sonnigem Innenhof. Manchmal saßen Bärbel und ich dort mit den Nachbarn zusammen und plauschten. Ich muss vorwegschicken, dass Bärbel eine bekennende Katastrophenköchin war (ich zitiere sie da selbst) und auch sonst keine Frau mit herausragend weiblichen Eigenschaften. Ihre Qualitäten lagen bekanntlich ganz woanders. Einmal begab es sich, dass eine eben Mutter gewordene Nachbarin im Innenhof über ihr Eheleben dozierte: »Wisst ihr, ich finde, auch wenn man ein kleines Kind hat, kann sich doch eine Frau für ihren Mann manchmal trotzdem abends schönmachen, das Haus herausputzen und lecker für ihn kochen!« Bärbel und ich sahen uns an. Ich sah, wie sich Tränen in ihren Augen bildeten, gleich würde sie lauthals loslachen. Mir ging es ebenso. Nur mit Mühe konnten wir unsere Contenance wahren und verabschiedeten uns hastig. In unserer Wohnung prusteten wir erstmal los. Diese Begebenheit wurde ein Running Gag in unserer Beziehung: Bärbel, die sich schönmacht und lecker kocht. Genau!

Noch während ich mir den Bauch vor Lachen hielt, wusste ich, die burschikose und eher kumpelhafte Art von Bärbel hatte ich voll und ganz akzeptiert. Ich hatte sie endlich auch in dieser Charaktereigenschaft ganz angenommen. Ich nahm sie, wie sie war, auch wenn ich mir manchmal insgeheim gewünscht hatte, sie könnte besser kochen. Ich merkte: Wenn man über eine Sache lachen kann, dann hat man gewonnen. Im Witz ist die Freude darüber verborgen, wie lustig das Spiel der Schöpfung doch eigentlich ist.

# 10

## Vom Glück, Vater zu sein

> *Die gute Zeit fällt nicht vom Himmel, sondern wir schaffen sie uns selbst, sie liegt in unserem Herzen eingeschlossen.*
>
> Fjodor M. Dostojewski

*Kinder sind etwas Wunderbares. In ihnen wird etwas von mir weiterleben, und selbstverständlich möchte ich ihnen alles mitgeben, was ich nur kann, damit sie es gut und besser haben als ich. Das, was ich ihnen weitergebe, ist aber sehr viel mehr als etwa das Wissen, wie es heute in der Schule vermittelt wird. Sie schauen mir ab, wie ich lebe. Wie ich mit Problemen umgehe. Wie ich über Menschen spreche. Was ich in meinem Alltag tue. Welche Freunde ich habe. Wie ich mit mir selber umgehe, was Essen, Pflege oder Arbeitsbelastung angeht. Bei all diesen ganz alltäglichen Themen schauen sie mich an. Gar nicht so wenige Jahre sind sie in meinem Schlepptau und folgen mir, so wie Küken ihrer Entenmama. Eine kleine Ewigkeit folgen sie meinen Fußabdrücken, bis sie ihren eigenen Weg zu finden gelernt haben.*

*Sei darum selbst das Vorbild, das du in deinen Kindern wiederfinden möchtest, wenn sie erwachsen geworden sind. Je mehr du zum Vorbild deiner Kinder werden kannst, umso weniger »er-*

*ziehst« du strenggenommen noch. Du bist dann weniger die Mutter oder der Vater, sondern wirst immer mehr zu ihrem Freund. Weil du selbst dein Freund geworden bist. Deine Kinder spiegeln dir dies nur. Ohne deine Kinder hättest du dieses Geschenk sicher nicht erhalten.*

Seit fünf Jahren bin ich nun alleinerziehender Vater von Zwillingen. Zur letzten Jahreswende waren wir, wie schon erwähnt, gemeinsam in Ägypten und haben dort eine gänzlich andere Kultur kennenlernen dürfen. Das dort erwachte Interesse meiner Kinder an Tempeln und Pyramiden hat sich umgehend in Schulprojekten niedergeschlagen. Mein Sohn hat beispielsweise die Entdeckung des Grabes von Tutanchamun vorgestellt. Auch unsere Reisegruppe mit einigen meiner engsten Freunde war für meine Kinder eine kleine Herausforderung. Denn diesmal waren sie mit ihren 13 Jahren die einzigen Jugendlichen und konnten so die Gespräche und das Miteinander der Erwachsenen aus nächster Nähe begutachten. Für sie war es ein kleines Schrittchen, das wichtig ist auf ihrem Weg ins Erwachsenwerden.

Natürlich erlebten auch meine Freunde die Kinder erstmals über diesen längeren Reisezeitraum von zehn Tagen hinweg. Allen fiel auf, wie gut die beiden es schafften, sich in die Gruppe zu integrieren, wie offen sie an Gesprächen teilnahmen und wie gut sie auch die manchmal sehr anstrengenden Reisezeiten bis tief in die Nacht wegsteckten. Brav machten sie alles mit, ohne großes Gemurre. Und das trotz beginnender Pubertät. Die fremde Kultur, die Tempel, Basare und das ganze orientalische Flair faszinierten sie sehr, wie sie mir nach wie vor begeistert versichern.

Beim gemeinsamen Abendessen kam in unserer Reisegruppe dann auch zur Sprache, wie ich es anstelle, ganz allein die Kinder zu solch netten Wesen zu erziehen. Ich weiß dann immer gar nicht recht, was ich sagen soll, denn eigentlich frage ich mich das selbst. Ich würde sogar sagen, weitestgehend tue ich schlicht und ergreifend gar nichts. Das meine ich durchaus ernst. Sicher, ich bin da, spüre in mich hinein, was ich tun oder sagen könnte, helfe ihnen bei den Hausaufgaben, fahre sie zu ihren Terminen, kaufe mit ihnen Kleidung und so weiter. Aber grundsätzlich lasse ich meine Kinder sich frei entfalten. Ich versuche, das Gute in ihnen wachsen zu lassen, und trete darum so oft wie möglich auch beiseite. Ich mache ihnen Platz, gebe ihnen Raum für das, was sich in ihnen zeigen möchte. Denn, und da bin ich mir sicher: Meine Kinder sind Geschenke. Alle Kinder sind das. Sie sind meine wichtigste Lieferung des Universums.

Unsere Kinder sind wie ein Samenkorn, das der Himmel uns geschenkt hat. Es wurde in meinen Garten gepflanzt, und alles, was ich tun muss, ist, es zu betreuen. Ein wenig Humus, ein wenig Wasser, mit dem ich es gieße. Und es wächst. Erste Triebe zeigen sich, erste Blätter und Blüten. Welche Blume, welches Wesen meine Kinder aber werden möchten, wie kann ich das wissen? Sie sollen beide so frei wie möglich wachsen, wohin auch immer ihr Wesen es will. Alles, was ich tue, ist, sie nur ganz wenig zu beschneiden und einzugrenzen. Und das auch nur dort, wo es mir wirklich wichtig erscheint.

Ich bin grundsätzlich überzeugt davon, dass meine Kinder, so wie alle Kinder, grundsätzlich gut und richtig sind, genau so, wie sie sind. Ich könnte sie nicht besser machen. In ihnen ist so viel Gutes, dass ich selbst manchmal sprachlos davorstehe und staune.

Es wäre meiner Meinung nach ein großer Irrtum, wenn ich bei ihnen allzu viel eingreifen und etwas »noch besser« machen wollte. Der Himmel hat sich ganz gewiss seine Gedanken bei ihrer Schöpfung gemacht, da brauche ich mein Scherflein nicht mehr beizusteuern. Notwendig sind von meiner Seite allenfalls kleine Hinweise, aber ganz bestimmt keine chirurgischen Eingriffe mehr.

In einem größeren Rahmen betrachtet setze ich durchaus auch feste Regeln. Hausaufgaben sind zu machen, das Zimmer hin und wieder aufzuräumen. Meine Kinder entscheiden aber frei, wann sie dies tun wollen. Auch wenn es dazu hin und wieder einmal intensive Verhandlungen und Argumentationen braucht. In manchen grundsätzlicheren Fragen finde ich mich auch streng. Aber vor allem gebe ich mir Mühe, ihnen die Freiheit zu lassen, dorthin wachsen zu können, wohin ihr Wesen es will.

Darum ist meine Erziehung vielleicht am einfachsten beschreibbar mit dem Wort »Akzeptanz«. Ich versuche, das Gute in meinen Kindern zu sehen und zu verstärken. Das ist ja auch das Grundprinzip von Maria Montessori, nach deren Pädagogik meine Kinder von Anfang an unterrichtet wurden: Das Gute sehen, damit das Gute auch wachsen kann. Und dafür braucht es Raum. Zu strenge Regeln würden die Kinder nur beengen. Es wäre sicher hinderlich für ihre Entwicklung, wenn sie zu oft »Nein« von mir hören würden. Stattdessen braucht es häufiger ein förderliches »Ja, du darfst«. Und beides darf sich dann auf dem vom Buddha gelehrten mittleren Weg ergänzen, etwa in der Art: Auf jedes Nein gegenüber einem Kind sollte dann dreimal ein Ja erfolgen.

Das meine ich, wenn ich sage, dass ich im Umgang mit meinen Kindern lerne beiseitezutreten. Dort, wo es nötig erscheint, bin ich zur Stelle. Ich verbringe möglichst viel Zeit mit ihnen, was in den nächsten Jahren wohl noch zu Lasten meiner Vorträge und Seminare gehen wird. Bis sie wirklich flügge sind, bleibt das Bücherschreiben meine Haupttätigkeit. Denn die gemeinsame Zeit mit meinen Kindern sehe ich als kostbar an. Ich finde, das ist es auch, was Kinder brauchen: den festen Rahmen und die liebevolle Hand.

Was später aus ihnen werden wird, steckt noch als Knospe in ihnen. Sie wird sich bald schon zeigen. Vielleicht wird mein Sohn später einmal Architekt, zurzeit allerdings laboriert er noch intensiv an der Idee, Computerspiele zu entwerfen. So wie vielleicht die meisten Jungs in diesem Alter. Meine Tochter hingegen hat die mädchentypische Phase, Tierärztin werden zu wollen, bereits hinter sich. Sie versucht sich im schulischen Praktikum nun an der ersten Alternative, dem Zeichnen. Schauen wir mal. Auf alle Fälle zeichnet sie schon fast so gut wie ihre Mutter.

Vielleicht auch dazu noch ein paar Worte. Bärbel, meine verstorbene Frau und Mutter unserer gemeinsamen Kinder, ist vor fünf Jahren verstorben. Damals waren unsere Kinder gerade neun geworden. Neben all dem Schmerz und der Trauer, die ich damals verspürt habe, war meine größte Sorge natürlich, wie meine Kinder damit umgehen würden und welche Belastung der Verlust ihrer Mutter für sie sein würde. Es liegt in der Natur der Sache, dass wir damals eine schwere Zeit hatten.

Was ich nun schreibe, klingt für manchen vielleicht vermessen. Aber auch diese Zeit der Trauer barg ein Geschenk für uns. Für mich war sie eine intensive Phase des persönlichen Wachstums, in der ich mich mit eben diesen Themen von Verlust und Trauer auseinandersetzen durfte. Ich kann heute sagen, dass das Trauern mich reifer gemacht hat, verantwortungsvoller, ganz sicher demütiger und hoffentlich auch ein Stück weit gütiger. Es hat mich an die großen Fragen unseres Daseins herangeführt und mir gezeigt, was mir wirklich wichtig in meinem Leben ist. Schnell kristallisierte sich heraus, dass dies meine Kinder und meine Arbeit als Autor sind. Ich wurde mir klar darüber, dass beides sich nicht mit meiner damaligen Festanstellung vereinen ließ, und kündigte kurz danach meinen Job. Heute bin ich dankbar, dieses Wagnis eingegangen zu sein.

Denn nur so konnte ich meine Erfahrungen in eine ganz ansehnliche Reihe von Büchern fließen lassen und meine Kinder gleichzeitig so eng wie möglich bei ihrem Heranwachsen begleiten. Ich sehe darin ein großes Geschenk für uns, für meine Kinder und mich.

Viele wohlwollende Zuschriften und Gespräche lassen mich vermuten, dass für manchen in ähnlicher Lebenssituation mein Buch *Weiterleben ohne dich* als kleines Geschenk angesehen werden darf. In ihm habe ich meinen Umgang mit dem Verlust meiner Frau beschrieben und hoffe, damit einen hilfreichen Beitrag für Menschen, die ebenfalls einen Verlust durchleben, geleistet zu haben.

Was meine Kinder angeht, bin ich sehr hoffnungsvoll, dass auch sie durch diese Zeit der Trauer reifen und wachsen durften. Kein Mensch, der Mutter oder Vater für ein Kind sein darf, wünscht sich natürlich den Tod des anderen Elternteils. Wenn dies dann aber doch geschieht, sind höhere Kräfte am Werk, die sich außerhalb unseres Verstehens befinden. Meine Kinder haben auf ihrem Weg sehr früh lernen müssen, mit Tod und Verlust umzugehen. Beides ist aus dem Leben eines jeden Menschen nicht wegzudenken. Früher oder später wird jeder sich mit diesen Themen auseinandersetzen müssen. Auch wenn ich es mir für meine Kinder und mich anders gewünscht hätte, so habe ich doch gelernt, den frühen Tod ihrer Mutter zu akzeptieren. Und ich bin dabei meinem Gott ein wenig näher gerückt.

Damals habe ich gelernt, dass die Kinder ganz genau hinschauten, wie ich mit der Situation umging. Ich bin ihr Vorbild, an mir gucken sie sich ab, wie eine Sachlage einzuschätzen ist. Darum ist der Versuch, Kinder in einer anderen Weise zu erziehen, als man selbst klar sichtbar lebt, zum Scheitern verurteilt. »Das gute Vorbild ist die beste Predigt«, meinte darum auch Benjamin Franklin. Wie wahr! Erziehung auf der Basis von Werten, die man selbst nicht verkörpert, ist sinnlos.

Auch ich war natürlich geschockt vom Tod meiner Frau, machte aber rasch die Erfahrung, dass sie im Haus mit ihrer Energie noch sehr spürbar war, ganz besonders in den ersten Tagen nach ihrem Tod. Ich sprach auch mit den Kindern darüber, soweit ich spürte, dass sie es in ihrem Alter bereits verstehen konnten. Ihre Mutter war zwar körperlich verschwunden, aber dennoch war sie noch da. Als Energie, als liebevolle Anwesenheit.

Später sprach ich mit vielen Menschen, die Sterbende begleiten und von Ähnlichem berichten. Die Verbindung zum Verstorbenen ist in den ersten Tagen nach dem Tod sogar besonders stark. Eine Freundin von mir, die hellfühlig ist und die uns manchmal besucht, erzählte mir erst kürzlich, dass meine Kinder auch heute noch im Herzen sehr stark mit ihrer Mutter verbunden sind. Ihrem Eindruck nach ist ihre Verbindung sogar besonders innig. Sie meinte, dass entgegen landläufiger Meinung die Seele der Mutter sich entscheiden kann, das ganze Leben der Kinder eng zu begleiten, um sozusagen als eine Art Engel für sie da zu sein.

Mich unterstützt dieser Gedanke sehr, ist er doch so tröstlich. Vielleicht, so ist mein Wunsch, bleiben meine Kinder wirklich treu von ihrer Mutter begleitet und spüren sie als Schutzengel in ihren Herzen noch ihr Leben lang. Sicher sein darf ich mir aber, dass meine Zuversicht in dieser Sache sich auch auf meine Kinder überträgt. Warum sollte ich also anders denken?

Dazu passt, dass für meinen Erziehungsstil unter umgekehrten Vorzeichen das Vorbild meiner eigenen Eltern sehr prägend gewesen ist. Mein Vater hatte in meiner Kindheit alle Hände voll zu tun, den Kredit für unser gerade errichtetes Haus abzuarbeiten. In seinem Job im Braunkohle-Tagebau war Schichtarbeit üblich, so dass ich ihn manchmal tagelang nicht zu Gesicht bekam. Außerdem war er stark in der Gewerkschaft engagiert und dann noch als Schöffe am Arbeitsgericht tätig. Für seinen ehrenamtlichen Einsatz wurde ihm dann später sogar das Bundesverdienstkreuz überreicht. Das macht mich natürlich mächtig stolz auf ihn.

Die Kehrseite des Verdienstkreuzes war aber zwangsläufig, dass mein Vater in der Familie nur selten anwesend war und als Erziehungsinstanz kaum in Erscheinung trat. Damals fand ich das natürlich sehr unerfreulich. Heute verbirgt sich in diesem Umstand aber ein wirkliches Geschenk, diesmal auf den ersten Blick zunächst nur für meine eigenen Kinder. Da ich am eigenen Leib erfahren habe, was es bedeutet, wenn der Vater die meiste Zeit über abwesend ist, habe ich mir wohl schon damals fest vorgenommen, für meinen eigenen Nachwuchs so oft wie möglich da zu sein. Ich tat dies nach ihrer Geburt durch die Wahl einer Anstellung, die mir durch gleitende Arbeitszeit viele Freiheiten ohne die Pflicht zu Überstunden ermöglichte. Nach dem Tod meiner Frau wählte ich die berufliche Selbständigkeit, die mir erlaubt, weitgehend von zu Hause aus zu arbeiten.

Auf den zweiten Blick ist mein abwesender Vater heute aber auch zum Geschenk für mich selbst geworden. Da mir sein Vorbild oftmals fehlte, musste ich meine Orientierung in mir selbst finden. Ich lernte darum früh, selbst verantwortlich für mich zu sein.

Pflichtbewusst machte ich meine Hausaufgaben, und zuverlässig bin ich auch heute noch. Es sind diese Eigenschaften, die vor allem meine Kinder von mir kennen. Sie kommen nun ihnen zugute. Ich gebe darum heute meinen Kindern besonders das, was mir bei meinem eigenen Vater fehlte. Klarer ausgedrückt: Ich gebe meinen Kindern vor allem, was ich selbst brauchte und noch brauche.

Damals, als Heranwachsender, fehlte mir mein Vater. Ich habe darum gelernt, mir selbst in so mancher Hinsicht Vorbild zu werden. Davon profitieren jetzt meine eigenen Kinder. Und so schließt sich der Kreis über drei Generationen hinweg nun endlich auch zu mir. Das, was ich meinen Kindern gebe, gebe ich auch mir selbst. Oder, noch allgemeiner formuliert:

Das, was ich anderen Menschen gebe,
gebe ich mir selbst.

Auf einer energetischen Ebene fließt das, was ich anderen Menschen gebe, zu mir zurück. Meine Ablehnung, aber zum Glück auch meine Liebe und Anteilnahme. Der andere Mensch und ich, wir sind untrennbar miteinander verbunden. Meine Sympathie oder meine Antipathie fließen in einem unsichtbaren Kreis wieder zu mir zurück.

Darum ist für mein Gefühl tief in mir drin durch meine eigenen Kinder auch eine Versöhnung mit meinem Vater erfolgt. Bei ihrer Erziehung darf ich auch mir selbst angedeihen lassen, was mir in meiner Jugend fehlte. Ich fühle mit ihnen mit, erlebe, wie ihnen die Qualitäten guttun, die mir damals fehlten, und ich heile damit den zu kurz gekommenen Teil meiner selbst. Kinder sind also wirkliche Geschenke!

Danke für die Lieferung: Eine nette kleine Lieferung, die mit meinen Kindern in Zusammenhang steht, stellte sich erst viele Jahre nach ihrer Geburt als solche heraus. Bis meine Zwillinge etwa elf Jahre alt waren, las ich ihnen als allabendliches Papa-Kind-Ritual etwas aus ihren Lieblingsbüchern vor. Anfangs waren dies Bilderbücher, dann kamen zunehmend Märchen und Erzählungen hinzu. Das war unsere gemeinsame Zeit, auch wenn ich tagsüber an meiner Arbeitsstelle war. Ganz nebenbei bin ich wohl auf diese Art zu einem passablen Vorleser geworden, ohne dass ich dies wusste oder wollte. Es zeigte sich erst, als ich vor einigen Jahren im Tonstudio mein Buch *Das Wunder der Dankbarkeit* aufnehmen durfte. Vorsorglich hatte der Redakteur damals für mich eigens einen Sprachtrainer engagiert, der mich dabei coachen und unterstützen sollte. Nach kurzem Hineinhören in meine Stimme meinte er aber, er bräuchte gar nichts zu tun. Mein Tonfall und meine Betonungen waren schon ganz in Ordnung. Das jahrelange Vorlesen am Abend kommt mir darum noch heute zugute, wenn ich Meditationen anleite, Vorträge halte oder meine Bücher manchmal auch selbst einsprechen darf. Wieder einmal eine Lieferung, die ganz unerwartet für mich war.

# 11

## Das Leben akzeptieren

*Niemals in der Welt hört*
*Hass durch Hass auf. Hass*
*hört durch Liebe auf.*

Buddha

*Meine vielleicht größte Herausforderung zur Kultivierung von Akzeptanz besteht darin, auch das Leben als solches anzunehmen, wie es ist. Das ist nicht immer so einfach. Manchmal ist das Leben eben nicht so toll. Manchmal fällt alles schwer. Das Akzeptieren der Höhen und Tiefen unseres Lebens in dieser Welt kann mir aber dazu verhelfen, auch zu meinem Universum eine echte und dauerhaft gute Beziehung aufzubauen. Wenn ich die Schöpfung als guten Freund betrachte, dann darf sie mir doch schließlich auch mal die Meinung sagen. Manchmal ist es aus ihrer Perspektive eben nötig, ehrlich und offen Nein zu meinen aberwitzigen Plänen und Absichten zu sagen. Das gefällt mir dann sicherlich weniger. Kann ich auch Probleme und Herausforderungen annehmen, die das Leben mir stellt? Mit welcher inneren Einstellung trete ich dem Leben entgegen? Nehme ich wirklich alles an, was es mir bietet?*

Klaus, ein guter und langjähriger Freund von mir, und seine Frau trennten sich vor einer ganzen Weile. Während er bald darauf wieder mit einer Jugendliebe fest zusammenkam, blieb sie weiterhin alleine und haderte auch noch länger mit dem Ende ihrer Ehe. Sie wollte das, was geschehen war, nicht wahrhaben und gab vor allem Klaus die Schuld daran. Deshalb zankte sie sich weiterhin mit ihm über Einzelheiten der Scheidung, und eine Klärung war lange nicht in Sicht. Klaus wollte zwar rasch eine Einigung mit seiner Exfrau, akzeptierte aber auch ihren Unmut und wartete darum noch mit der gerichtlichen Scheidung. Er vertraute darauf, dass es schon zur richtigen Zeit zur Beendigung seiner Ehe kommen würde. Und so kam es auch. Zu einer Zeit, als er das Geld aus dem Verkauf des gemeinsamen Hauses gut brauchen konnte, willigte seine Exfrau endlich ein, und die Scheidung wurde vollzogen. Das Haus wurde gut verkauft, und beide waren nun endgültig frei für einen Neuanfang. Klaus erzählte mir lächelnd, er habe an die Scheidung schon gar nicht mehr gedacht. Als ihm die ganze Sache schon völlig gleichgültig geworden war, löste sich seine Ehe auf ganz einfache Weise, scheinbar wie von selbst.

Um noch ein zweites Beispiel zu geben: Ein befreundeter Verlag hatte für eines seiner Bücher Bildrechte bei einer Agentur erworben und das Buch bald darauf auch ins Ausland verkauft. Die Agentur forderte daraufhin Geld, einige hundert Euro, für die Bildrechte auch für dieses Land. Vertraglich war die Situation völlig unklar, und zu ihrer Klärung wäre ein Rechtsstreit nötig gewesen. Dem Verlag war am Frieden mehr gelegen als am Streit, und so zahlte er schließlich bereitwillig.

Er konnte die Haltung der Agentur akzeptieren, auch wenn eine gewisse Habgier dahinterzustecken schien.

So und so ähnlich verfahren viele meiner Freunde und Bekannten in solchen Situationen. Es kommt immer wieder vor, dass uns das Universum Knüppel zwischen die Beine zu werfen scheint. Es steht mir dann frei zu schimpfen, wie Rumpelstilzchen mit den Füßen aufzustampfen und Gott und mein Schicksal zu verdammen. Oder ich lerne, auch mit scheinbaren Problemen anders und besser umzugehen. Das steht mir in jedem Moment meines Lebens frei. Wie ist deine Wahl? Überlege es dir gut! Denn diese Wahl ist sehr entscheidend für dein persönliches Glück. Glück hat sehr viel mit dem Erlernen von Akzeptanz zu tun.

Kann ich wirklich glücklich sein, wenn ich andauernd gegen etwas ankämpfe? Bin ich dann nicht so verstrickt in meine Ablehnungen, dass ich wie in einem Netz darin gefangen bin? Nach dem Ansatz »Wie außen, so innen« kämpfe ich doch offenbar einen aussichtslosen Kampf. Denn ich kämpfe mit mir selbst.

Gegenteilig formuliert wird der Aspekt von Akzeptanz in dieser Aussage erst wirklich deutlich. Wenn ich aufhöre zu kämpfen, komme ich in Frieden mit mir. Dann finde ich auch mein Glück. Wenn ich akzeptieren lerne, gewinne ich. Denn dann fühle ich mich endlich auch vom Universum akzeptiert. Egal, was es mir gerade liefert.

> Die Haltung, die ich dem Leben gegenüber ein-
> nehme, nimmt das Leben auch mir gegenüber ein.

Oft renne ich doch mit dem Kopf immer wieder gegen die Wand, obwohl damit ganz offensichtlich kein Fortschritt erreicht werden kann. Ich vertue auf diese Weise nur sinnlos und unnötig meine Zeit und verschwende große Teile meiner Lebensenergie. Ein schönes Motto meines Lebens könnte stattdessen lauten: Nimm dein Leben an, oder du kämpfst einen aussichtslosen Kampf, der nur in Frustration und Niederlage enden kann. Sich gegen das Leben zu stellen kann allein darum nicht funktionieren, weil wir Teil des Lebens sind. Wir stellen uns so nur unentwegt gegen uns selbst.

Um ein Beispiel aus dem von mir heißgeliebten Fußball heranzuziehen: Es ist bei diesem Mannschaftssport wichtig, sich an die Regeln zu halten. Jedoch sind manche Statuten hier alles andere als eindeutig. So lautet die beste Beschreibung für den Begriff »Abseits« nicht etwa, dass ein Spieler beim Ballkontakt noch den Torwart und mindestens einen Feldspieler des Gegners vor sich haben muss. Sonst ist er im Abseits. Das Ganze ist leider noch viel komplizierter. Und selbst Experten streiten oft noch lange nach dem Spiel um die Richtigkeit einer Abseits-Entscheidung. Darum ist die kürzeste und beste Erklärung für Abseits folgende: »Abseits ist, wenn der Schiedsrichter pfeift.« Punkt. Er entscheidet, und das ist sein Job.

Wenn ich nun Zeit vergeude und lamentiere und noch lange mit dem Schiedsrichter hadere, dann bringt das rein gar nichts. Ich verbrauche meine Kraft damit, die Regel anzufeinden, dass es letztlich der Schiedsrichter ist, der auf Abseits entscheidet, wie es ihm richtig erscheint. Ich kämpfe gegen die Regel und nehme darum nicht mehr wirklich am Spiel teil. Wenn ich dies den Rest des Spiels über tue und noch lange nachher auf den Schiedsrichter schimpfe, dann habe ich allein darum schon verloren. Dabei hätte ich noch so viel Zeit gehabt, mein Möglichstes zu tun, das Spiel unter Einsatz meiner Kräfte noch zu gewinnen.

Im Leben ist es ebenso. Wenn ich mich als Opfer der Umstände ansehe, entferne ich mich auch aus meinem Lebensspiel. Ich nehme nicht mehr daran teil, denn ich bin zu sehr damit beschäftigt, beleidigt zu sein. Allein darum kann ich nicht mehr gewinnen. Ich mache dann beim Lebensspiel einfach nicht mehr mit.

Ich kann die Welt und ihre Ungerechtigkeiten nicht verändern. Aber ich wirke in jedem Moment auf das Geschehen mit ein. Ich tue dies, indem ich das Geschehen als gegen mich oder als für mich wirksam interpretiere. Und diese Interpretation ist entscheidend dafür, wie ich mich fühle. Aus dieser Interpretation folgt, ob ich mich als Opfer des Lebens verstehe oder als seinen verantwortlichen Mit-Schöpfer. Diese sehr grundlegende Wahl treffe ich in jedem neuen Moment.

Es geht auch letzten Endes gar nicht darum, ob ich wirklich selbst alleinige Ursache eines Lebensumstandes bin. Viel eher kann ich für das Geschehene Verantwortung übernehmen, indem ich sage: Es ist ein Teil meines Lebens, und damit auch ein Teil von mir. Es geht darum, wie ich die Umstände zu mir nehme, integriere und akzeptiere. Darin allein liegt eine unermessliche Kraft.

Machen wir doch gleich eine Übung zu diesem Thema:

## Übung 12: Mein Gedanken-Tagebuch

Bitte schreib dir hier und jetzt einmal alle Gedanken auf, die du gerade so im Kopf hast. Notiere dir einfach alles, was dir gerade in den Sinn kommt, ohne Bewertung und ohne etwas auszulassen. Tu dies etwa fünf Minuten lang. Dann frage dich: Welche deiner Gedanken sind positiv, welche negativ? Welche Gedanken beschäftigen sich mit der Vergangenheit, welche mit der Zukunft, und welche mit dem Heute? Dann frage dich abschließend: Was sagt diese Liste über dich selbst?

**So, wie ich über andere Menschen und das Leben denke, denke ich auch über mich.**

Oder, noch kürzer formuliert: So, wie ich denke, bin ich. Der Buddha sagt es mit den Worten: »Wir sind, was wir denken. Alles, was wir sind, entsteht aus unseren Gedanken. Mit unseren Gedanken formen wir die Welt.«

Menschen, die schon weitgehend zur Akzeptanz gefunden haben, haben sich mit ihrer Vergangenheit versöhnt. Ihre Gedanken drehen sich darum nicht mehr wie ein Flugzeug in der Warteschleife immer aufs Neue um frühere Geschehnisse und holen diese so in ihre Gegenwart zurück. Ihre Vergangenheit ist abgeschlossen und wirkt darum nicht mehr in das Hier und Jetzt dieser Menschen hinein. Sie haben aus ihren Erfahrungen gelernt und sind zuversichtlich, auch in der Zukunft ihr Leben aus sich selbst heraus gestalten und bewältigen zu können. Sie werden damit frei davon, Opfer irgendwelcher Umstände sein zu müssen, und können Gestalter ihrer eigenen Wirklichkeit sein. Vertrauensvoll blicken sie in die Zukunft und bündeln ihre Kraft in der Gegenwart, um an ihrem persönlichen Glück stetig weiterbauen zu können. Ihre Gedanken sind positiv und auf eine weiterhin glückliche Zukunft gerichtet.

Außerdem ist das Leben dieser Menschen sehr erfüllt. Sie erkennen ihren inneren Reichtum, da sie ihren Opferstatus weitgehend ablegen konnten. Sie fühlen sich immer häufiger beschenkt vom Universum und sind in der Lage, mit allen Herausforderungen des Lebens umzugehen. Sie haben erkannt: Ihr Glück liegt in der inneren Haltung dem Leben gegenüber. (Zur Erinnerung: Der Buddha sagte: »Es gibt keinen Weg zum Glück, Glück ist der Weg.«) Wo wir glücklich sind und glückliche Gedanken in uns hegen, kommt uns morgen auch das Glück entgegen. Unsere innere Einstellung ist entscheidend. Glück zieht weiteres Glück an.

Glück muss dabei nicht zwangsläufig mit weltlichem Erfolg einhergehen. Es kann, muss aber nicht unbedingt so sein. Weltlichen Reichtümern wird nicht mehr nachgejagt, denn man fühlt sich ja bereits innerlich reich. Wenn ich mich innerlich glücklich fühle, muss ich nicht im Außen nach dem Glück suchen. Ich habe es ja bereits in mir. Meine Tätigkeit ist erfüllend, meine Begegnungen mit anderen Menschen bereichern mich, und mein Freundeskreis unterstützt mich und tut mir gut. Menschen, die Akzeptanz gelernt haben, sind glücklich, weil sie sich der Fülle und der Möglichkeiten des Universums bewusst geworden sind.

**Akzeptanz schöpft aus der Fülle des Universums, Ablehnung verschließt diese Quelle vor mir.**

Wenn ich das Leben akzeptieren kann, habe ich das Gefühl, alles, was ich brauche, fließt ganz natürlich zu mir. Ablehnung dagegen unterbricht den Fluss des Lebens, und ich spüre Mangel statt Fülle. Da ich in Akzeptanz genug von allem habe, kann ich es großzügig mit anderen teilen. Ich bin dann fähig, so wie mein eingangs geschilderter befreundeter Verlag, auch dort etwas zu geben, wo es von mir in einer gewissen Habsucht gefordert wird. Ich kämpfe nicht mehr gegen ein Unrecht, denn mein innerer Friede ist mir wichtiger als jeder Streit.

Bin ich aber felsenfest davon überzeugt, dass ich ein Opfer bin und dass alle anderen schuld daran sind, wie schlecht es mir geht, dann akzeptiere ich das Leben ganz offenbar nicht. In meinem Modell sind stattdessen alle gegen mich, und ich bin darum auch gegen alle anderen. Eben in diesem aussichtslosen Kampf gegen alle anderen wie auch das Leben gründet sich ja meine tiefe Überzeugung, Opfer zu sein. Ich gebe gern ein Beispiel:

Vor ein paar Jahren lernten sich ein guter Freund, Stefan, und eine gute Freundin von mir auf einem Seminar kennen, das wir gemeinsam besuchten. Ich stellte beide einander vor. Stefan lebte damals gerade in Trennung, und so war er offenbar sehr an meiner attraktiven Freundin interessiert. Sie aber ebenso offensichtlich nicht an ihm, denn als er sie nach ihrer Telefonnummer fragte, sagte sie eher vage und ausweichend: »Frag doch Manfred, der kann sie dir geben!«

Stefan verlangte natürlich tags darauf per Mail nach ihrer Nummer. Ich wusste aber bereits von ihr, dass sie kein Interesse an ihm und außerdem gerade sehr viel um die Ohren hatte. Also gab ich Stefan die Nummer mit dieser Begründung nicht weiter und bat ihn um Verständnis.

Wer jetzt denken mag, damit sei diese Sache doch erledigt, der kennt Stefan nicht. Er forderte weiterhin die Nummer von mir. Schließlich habe er ja eine Abmachung mit dieser Frau, ich habe mich bitteschön daran zu halten. Er sah sich im Recht und drängelte in dieser Weise noch einige Male. Ich blieb einfach freundlich und gab ihm die Nummer nicht. Daraufhin kam von ihm: »Dein Verhalten ist wie eine Ohrfeige für mich.«

Ich war mir keiner Schuld bewusst! In meiner Welt hatte ich die gestresste Frau nur schützen wollen und Stefan dies auch erklärt. Nun machte er sich durch seine selbst kreierte Ohrfeige zum Opfer und mich zum Täter. Nicht auszudenken, wie sehr er meine Freundin erst bedrängt hätte, wäre er an ihre Nummer gelangt.

Stefan macht sich seine Welt, frei nach Pippi Langstrumpf, so, wie sie ihm gefällt. Und dann ist er sauer, wenn sie nicht so ist, wie er sie gerne hätte. Er ist so sehr damit beschäftigt, Opfer sein zu wollen, dass ihm vollends entgeht, wie sehr er dabei selbst zum Täter wird. Er hat mich schon sehr genervt mit seinem Quengeln, die Nummer doch noch zu bekommen. Und je mehr er nervte, umso väterlicher wurden meine Gefühle meiner Freundin gegenüber. Denn sicher, es wäre leicht gewesen, ihm die Nummer zu geben. Aber was hätte ich dieser Freundin damit aufgehalst? Bei so viel Mangel fiel es uns beiden schwer – meiner Freundin wie auch mir –, Stefan gegenüber großzügig zu sein. Denn Stefan steckt tief im Sumpf des Mangelbewusstseins. Ihm geht es schlecht, er ist die arme Sau, er braucht darum ganz, ganz viel, etwa auch die Telefonnummer einer Frau, die offenbar gar nichts von ihm wissen möchte.

Das mag wie ein eher nebensächliches Beispiel erscheinen, aber es ist im Kleinen eben wie im Großen. Es gibt da bei Stefan nämlich noch eine Komponente des Mangels, und die heißt Geld. Er hat schon ewig Geldprobleme. Immer will er Rabatte, handelt hier und feilscht da und denkt trotzdem, er kriegt zu wenig von allem. Er fühlt sich arm. Das zeigt sich immer wieder. Als ich mir ein neues (gebrauchtes) Auto gekauft habe, war sein erster neidvoller Kommentar: »Na, du kannst es dir ja leisten, fährst hier mit so einer dicken Kutsche rum.« Ich finde, man kann in diesem Fall Geld sehr gut mit einer schönen Frau vergleichen, die Beziehungen laufen durchaus ähnlich.

Mal angenommen du wärst eine schöne Frau, würdest dich gut mit einem Mann unterhalten, und der wollte mehr von dir, würde drängeln und Druck ausüben, würdest du da gern ein zweites Date haben? Wenn ich eine Frau wäre, ich würde mir einen Mann wünschen, der selbstbewusst ist und nicht im Geringsten bedürftig. Und jemandem, der denkt, Ansprüche – etwa auf meine Telefonnummer – stellen zu dürfen, wo keinerlei Grundlage für Ansprüche besteht, dem verspreche ich doch sicher gar nichts. Stattdessen halte ich ihn mir lieber ganz vom Leib.

Die Sache mit dem Geld funktioniert irgendwie genauso. Wenn ich bedürftig bin, mich andauernd nur arm fühle und denke, von allem zu wenig zu haben, giere ich nach Geld wie ein Verdurstender in der Wüste. Wenn ich eine Oase sehe, muss ich unbedingt dorthin, alles hängt für mich davon ab. All mein Glück. Doch ich komme der Oase keinen Schritt näher. Im übertragenen Sinne gilt dasselbe: Wenn ich zutiefst unglücklich bin, weil ich kein Geld habe, keine Freunde und keine Frau, dann hat auch das Geld kein Interesse an mir. Geld will lieber zu Menschen, die Freude haben, die wie ein Springbrunnen das Wasser nach außen verschenken, um selbst eine Quelle und eine Oase zu werden. Dahin fließt das Geld, denn es möchte sich in Freude verschenken.

**Danke für die Lieferung:** Geld ist erfahrungsgemäß häufig Grund für heftige Auseinandersetzungen. So war es auch in meiner Familie. Meine Eltern fühlten sich beide von ihren Geschwistern um ihr Erbe betrogen, und so hatten wir leider zu einigen Teilen unserer Verwandtschaft kaum noch Kontakt. Als dann meine Schwester vor mehr als zehn Jahren verstarb, drohte dieses Familiendrama auch auf die nachfolgende Generation überzugreifen. Denn im Gerangel um ihr Erbe konnten sich meine Verwandten zunächst nicht wirklich einigen. Ich schaute mir dieses Schauspiel kurz an und traf dann eine Entscheidung. Ich wollte endlich Frieden in meiner Familie schaffen! Zunächst bewog ich die Beteiligten, den Streit gänzlich zu beenden. Dann bot ich der Tochter meiner Schwester die vorzeitige Auszahlung ihres Erbteils an. Sie stimmte freudig zu, und wir beglaubigten den Beschluss auch notariell. In Sachen Geld waren nun die Dinge zwischen uns aufs Beste geregelt. Nach einer Weile knüpften wir auf dieser soliden Grundlage die ersten freundschaftlichen Bande, und heute besuchen wir uns auch gegenseitig. Die Akzeptanz, die ich meiner Nichte entgegenbrachte, lieferte mir das Universum umgehend zurück. Meine Kinder haben jetzt eine nette »Tante«, die ja eigentlich ihre Cousine ist. Und unsere kleine Familie ist genau dort um ein neues Mitglied reicher geworden, wo es eine Zeitlang scheinbar gar nicht mehr zu erwarten war. Akzeptanz war auch hier der Schlüssel dafür, dass sich die Dinge zum Guten wendeten.

# 12

## Segnen

> *Behandle alle Menschen so, als wären sie, was sie sein sollten, und du hilfst ihnen zu werden, was sie sein könnten.*
>
> Johann Wolfgang von Goethe

*Beim Bestellen ist es schon komisch: Ganz oft bin ich mir unsicher darüber, was ich mir wirklich wünsche. Dafür weiß ich aber ganz genau und zweifelsfrei, was ich nicht möchte. Denn ich spüre immer in mir, was ich ablehne und was ich gar nicht mag. Dummerweise ist Ablehnung aber eine versteckte und unbewusste Bestellung, so dass ich auf diese Weise immer mehr des Abgelehnten in mein Leben ziehe. Mein Dagegensein entwickelt somit einen ungeheuren Sog, ähnlich wie ein Schwarzes Loch. Kann ich irgendwann die Anziehungskraft meiner Ablehnung überwinden und frei von ihr werden? Ja, mit Hilfe des Segnens!*

Es ist für die meisten von uns durchaus üblich, in Gesellschaft anderer über dieses oder jenes zu lästern oder zu schimpfen. Nichts schafft doch ein so nettes Gemeinschaftsgefühl, wie zum Beispiel am Arbeitsplatz gemeinsam mit Kollegen über jedes ach so üble Fehlverhalten des gemeinsamen Chefs herzuziehen. Eben traf ich meinen Nachbarn auf der Straße und fragte ihn höflicherweise, wie es ihm gehe. Er erzählte mir, sein Rücken tue ihm weh, seine Rente sei immer weniger wert und seine Fußballmannschaft habe wieder einmal verloren. Er trug mir also seine kleine Klageliste vor. Jeder hat etwas zu jammern, wenn ich nur intensiv genug danach frage. Schimpfen und Klagen sind eine so tief verwurzelte Angewohnheit von uns, dass wir sie zumeist schon gar nicht mehr bemerken. Vielleicht bedauert mich ja wenigstens jemand, wenn ich mich nur lange und laut genug beschwere.

Aber es hat einen großen Einfluss auf mein Leben und mich, wenn ich ständig über alles schimpfe. Das Jammern ist nun auch Gegenstand wissenschaftlicher Untersuchungen geworden. Menschen, die sehr viel klagen und sich beschweren, schädigen langfristig ihre Gesundheit, ebenso wie ihre Beziehungen und ihre Karrierechancen. Unser Gehirn produziert dabei vermehrt Stresshormone, wie die Psychoneuroimmunologie zeigt. Dies geschieht auch dann, wenn wir anderen beim Lästern zuhören. So wie das Passivrauchen die Nichtraucher ebenfalls schädigt, wirkt auch »Passiv-Lästern« auf die Umgebung negativ ein. Vielleicht gibt es in Analogie zum Rauchen darum ja bald neben rauchfreien auch »lästerfreien« Zonen in Kneipen? Scheint mir eine nette Idee zu sein. Ich komme darauf zurück.

Das Dumme am Jammern ist vor allem: Wenn ich schimpfe und klage, dann »tue« ich ja irgendwie etwas. Das Jammern beschäftigt mich sogar so stark, dass ich vor lauter Mich-Beschweren gar nicht mehr dazu komme, real eine Veränderung anzustreben und wirklich etwas zu tun, um den Missstand zu beheben. Das zeigt sich zum Beispiel daran, dass Käufer sich in 95 Prozent der Fälle nicht direkt bei der betreffenden Firma beschweren, wenn sie dort ein Produkt gekauft haben, das ihnen nicht gefällt. Stattdessen schimpfen sie bei mindestens zehn bis 15 ihrer Freunde darüber. Die Firma bekommt so keine Chance, etwas zum Besseren zu verändern.

Das Sich-Beschweren hat also durchaus auch einen Suchtcharakter. Hat man erst einmal damit angefangen, kommt man nur sehr schwer wieder davon los. Und damit nähern wir uns dem eigentlichen Zweck des Schimpfens: Es wird zum Selbstzweck. Ich möchte mich immer weiter beschweren. Und das kann ich nur, wenn sich – um im Beispiel zu bleiben – diese Firma mit ihren miesen Produkten eben nicht verändert. Denn nur so steht sie mir auch weiterhin als Vorwand zur Verfügung, auch in Zukunft über sie schimpfen und klagen zu können.

Jammern ändert nichts. Wenn ich etwas ändern wollte, könnte ich es tun. Es bestünde die Möglichkeit, einen Beschwerdebrief zu schreiben. Bei der Firma anzurufen. Einen Verbesserungsvorschlag einzureichen. All das tue ich aber nicht. Stattdessen klage ich weiter. Und zementiere damit einen Zustand, den ich doch offenbar gar nicht will. Das könnte ich auch erkennen, würde ich die Angelegenheit einmal bei Licht betrachten.

Durch mein Jammern gebe ich sehr viel Energie in etwas, das ich ablehne. Irgendetwas in mir drin hat eine Riesenfreude daran, die Dinge oder andere Menschen schlechtzureden. Aber das verändert nichts – ganz im Gegenteil, meine Ablehnung und mein Lästern machen ja genau das stark und stärker, was ich eigentlich nicht will. All meine Gedanken und meine Aufmerksamkeit drehen sich um das, was ich doch am liebsten meilenweit aus meinem Leben verbannen würde. Ich agiere nicht mehr bewusst und kümmere mich so sehr um das Abgelehnte, dass es mir schon morgen wieder an der nächsten Ecke begegnen wird. Denn ich gehe in Resonanz zu ihm. Und schwinge so lange genau wie das Abgelehnte, bis es mich findet. Und dann kann ich, Juchhe, mit meinem Klagen wieder von vorne beginnen.

Ablehnung ist so wie das Rauchen nichts anderes als eine schlechte Angewohnheit, die mir zwar nicht guttut, aber sehr schwer loszulassen ist. Wie komme ich von dieser Sucht los? Gibt es eine Art »Nikotinpflaster« auch für das Lästern? Machen wir doch eine »Anti-Läster-Übung« daraus.

## Übung 13: Alles ist besser als Lästern

**Schritt 1:** Mach dir dein Jammern bewusst! Nimm dir zunächst in der kommenden Woche ganz fest vor, eine Lästerliste aufzustellen. Statt einfach wie sonst immer nur impulsiv drauflos zu schimpfen, nimm dir einen Zettel zu Hilfe, den du bei dir trägst und auf dem du immer wieder alles notierst, was du ablehnst. Noch denkst du vielleicht, das sei bestimmt nicht so viel, aber sei dir gewiss: Fängst du einmal mit dem Zählen deiner Lästereien an, wird schnell eine Lawine daraus. Lästern wirkt wie ein Virus, er steckt dich immer wieder selbst aufs Neue an. Und deine Umwelt dazu!

**Schritt 2:** Achte genauer auf die Worte, die du immer wieder verwendest. Um nichts in deinem Leben verändern zu müssen, findest du ganz bestimmt eine Unzahl an Gründen, warum du einfach nichts verändern kannst. Dann sagst du Sätze wie: »Ich würde ja gern die Bewerbung für eine neue Stelle schreiben, aber ...« – »Eigentlich ist mein Chef ja manchmal ganz nett, aber ...« – »Ich habe es ja versucht, es hat nur nichts gefruchtet«, und so weiter. Wer viel klagt, der braucht auch viele Ausflüchte. Vermeide darum die Begriffe »aber«, »eigentlich« und »versuchen« und werde dir so über deine ständigen Ausreden klar.

**Schritt 3:** Suche nach Lösungen, nicht nach Klagen. Immer wenn du dich in der nächsten Zeit beim Klagen erwischst, frage dich, was du aktiv tun könntest, um den von dir entdeckten Missstand zu verbessern. Schreib einen Leserbrief an die Zeitung, deren Artikel dich ärgert. Zieh dir deine Regenjacke an und geh spazieren, auch wenn dich das schlechte Wetter nervt. Sprich den Mangel in der dafür zuständigen Gruppe ganz offen an und löse ihn gemeinsam mit anderen.

Ein Beispiel: In der letzten Gemeinschaftsversammlung der Wohnanlage, in der ich mit meinen Kindern lebe, wurde lang und breit über Zigarettenkippen geschimpft, die auf dem Spielplatz lagen. Der Hausmeister hätte sie entfernen müssen. Dieser ist aber aus Kostengründen nur bei Bedarf und meist nur zweimal im Monat vor Ort, da er viele Wohnanlagen betreut. Die Lösung, die sich rasch fand, war, dass auch wir als Bewohner durchaus in der Lage sein können, wenn nötig, solchen Müll selbst aufzuheben, damit unsere Kinder ihn sich nicht in den Mund stecken. So einfach kann es manchmal sein!

Wer sich noch intensiver von der Unart des Klagens befreien möchte, dem sei die Meisterfrage dazu verraten. Na gut, ich möchte keine Zigarettenstummel auf dem Spielplatz meines Kindes. Das lehne ich ab. Was will ich aber stattdessen wirklich? Einen sauberen Sandkasten. Aha! Dann kann ich selbst dafür sorgen oder andere dazu auffordern, sich stellvertretend darum zu kümmern. Ich gebe mit Hilfe der Frage »Was will ich denn wirklich?« von nun an meine Energie immer öfter in das, was ich wirklich möchte. Und mache so das von mir Gewollte stark, und nicht mehr durch mein Lästern das von mir Abgelehnte.

In einem früheren Kapitel habe ich bereits ausgeführt, dass ich energetisch immer eine bestimmte Haltung ausstrahle. Das hat zur Folge, dass ich mich dort, wo ich ablehne, selbst in eine

Wolke von Ablehnung einhülle. Mein Charisma, das ich zum Guten und für eine positive Ausstrahlung nutzen könnte, wirkt nun negativ und strahlt meine Ablehnung nach außen. Die Haltung, die ich innerlich einnehme, gebe ich somit an meine Außenwelt weiter, aber auch an mich selbst. Input und Output sind gleich.

Wenn ich einen Mangel in meiner Umwelt bemerke, dann ist meine passive, opferorientierte Einstellung, darüber zu schimpfen und zu lästern. Ich könnte aber auch aktiv werden und dabei verändernd auf diesen Missstand einwirken. Dann brauche ich kein Wenn und kein Aber mehr zu suchen und lege meinen Opferstatus ab. Meine Haltung dem Leben gegenüber wird positiv. Ich warte nicht mehr darauf, dass ein anderer Mensch sich verändert, damit es mir endlich besser geht. Sondern ich gebe selbst in unser System »Ich und du«, was mir fehlt.

**Das, was mir beim anderen fehlt,**
**ist das, was ich selbst zu geben habe.**

Was ich als Mangel außen erkenne, ist in mir vorhanden. Es wäre an mir, etwas zu ändern. Ich selbst hätte etwas zu geben – wenn ich meine Tendenz zu lästern überwinde.

Das kann, wie im Beispiel meiner Wohnanalage, der Zigarettenstummel sein, den ich selbst aufhebe. Manchmal sind die Dinge aber komplexer und nicht sofort und einfach durch eine

Handlung veränderbar. Was kann ich aktiv tun, wenn mich etwa gerade das Ausfüllen meiner Steuererklärung nervt und mir bereits bewusst ist: darüber zu schimpfen macht sie nur noch komplizierter? Ich kann sie segnen! Kreativität ist dabei durchaus erwünscht. Der Segen könnte etwa lauten: »Mögen alle Steuerdokumente einfacher werden. Möge die Steuer von allen in wenigen Minuten auszufüllen sein. Möge die Steuer von nun an allen Menschen Freude bereiten. Mögen alle Menschen die bestmögliche Steuerrückzahlung erhalten.« Oder ganz einfach: »Ich segne die Steuer.«

Denn der Segen wird schon wissen, was zum Besten für mich und alle Beteiligten zu tun ist. Er ist das Beste, was mir zur Verfügung steht. In meinem Buch *Die Wunderkraft des Segnens* habe ich beschrieben, wie sehr sich die Kunst des Segnens in unserer Kultur leider verloren hat. Unsere Mütter und Großmütter backten oft ihr Brot noch selbst, und es war üblich, den frischen Laib mit dem Kreuz zu segnen, wenn er aus dem Ofen kam.

In der christlichen Auslegung der Schöpfungsgeschichte erhalten wir als Menschen den Segen Gottes, um ihn weiterzugeben. Dies steht jedem Menschen offen; es ist nicht nur der Kirche vorbehalten. Jeder, der an Gott oder eine höhere Macht glaubt, ist damit befähigt, Segen spenden zu dürfen.

Im Segen ist aber sehr viel mehr enthalten, als uns selbst als Mensch zur Verfügung steht. Durch den göttlichen Segen werden wir befähigt, selbst Segensträger zu sein. Beim Segnen fließt dieser himmlische Segen durch uns hindurch. Er kommt dabei aber zunächst unserer Umwelt zugute. Zu segnen bedeutet, das Beste, mein Bestes, an meine Umwelt zu verschenken. So wie Clemens von Brentano sagte: »Die Liebe allein versteht das Geheimnis, andere zu beschenken und dabei selbst reich zu werden.« Lieben ist Segnen.

Wenn ich mich im Segnen übe, akzeptiere ich schließlich auch meine Abstammung und das, was ich wirklich bin – ein Teil der Schöpfung. Dort, wo ich mich beim Jammern selbst zum Opfer mache, macht mich das Segnen zum Instrument des göttlichen Segens. Ich bin Teil des Universums und kann auf positive Weise segensreichen Einfluss auf die Umstände nehmen. Segnen ist die beste innere Haltung, die ich meiner Welt entgegenbringen kann.

Auch meine ablehnende innere Haltung segnet, nur eben auf negative Weise. Dann nutze ich die segensreiche Macht, die mir zur Verfügung steht, um Energie in all das zu geben, was ich nicht will. Mir steht die Wahl offen, was ich sein möchte. Die Frage von oben sei wiederholt: Was will ich denn stattdessen wirklich? Wer möchte ich sein? Opfer oder Segnender?

Beim Erlernen des Segnens wird mir deutlich, dass das Bestellen nur die Vorstufe dazu war. Beim Bestellen nutze ich den Kontakt zum Universum, um vorrangig für mich zu wünschen, und ich tue dies eher noch aus meinem auf mich beschränkten Ego heraus. Nun, beim Segnen gehe ich eine Stufe weiter. Ich verschenke meinen Segen an die Welt und werde dabei selbst beschenkt. Auf welche Weise, das steht dem Himmel offen. Ganz sicher macht es mich glücklich, und mein größter Wunsch ist dann in meinem Herzen nur noch: Mögen alle Menschen glücklich sein. Dies ist auch ein Kerninhalt des Bodhisattva-Gelübdes im Buddhismus. Im Segnen stelle ich mich für den göttlichen Segen zur Verfügung. Ich werde zu seinem Instrument. Ich erkenne: Dies ist die beste Möglichkeit, die mir als Mensch zum Sein offensteht. Segnen wird damit zur neuen Form des Bestellens. Ich wünsche dabei nicht mehr nur für mich, sondern für alle Menschen.

Segnen öffnet mir das himmlische Füllhorn. Ich stelle dem Universum gänzlich frei, was es mir liefern möchte. Ich fühle mich beschenkt dabei, und ist das einmal nicht der Fall, dann segne ich weiter. Alles ist besser, als zu klagen, und Segnen stellt meine beste Alternative dazu dar. Ich segne das Leben! Möge mein Segen zum Wohle aller Menschen sein.

Meine Erfahrung ist, dass das Segnen recht fein und seine Wirkung daher anfänglich kaum zu spüren ist. Darum ist mein innerer Zweifler rasch zur Stelle, um auch über das Segnen zu lästern, frei nach der Devise: »Da passiert doch nichts! Das lass ich lieber gleich!« Oder, noch besser: »Sicher passiert bei allen etwas, nur bei mir wieder nicht!« Vielleicht geht es dir auch im Moment noch so. Darum biete ich dir hier, am Schluss des Kapitels, noch eine Übung an, mit der du dich darin unterstützen kannst, das Segnen zu spüren.

## *Übung 14: Segnen*

Suche dir bitte für diese Übungen einen anderen Menschen, der dir Feedback geben kann. Da dein Segen grundsätzlich für den anderen fließen möchte, spürt dein Gegenüber dabei auch viel mehr dabei als du selbst. Du kannst bei dieser Übung dann den Segen deines Partners erleben.

Stellt euch beide mit dem Gesicht zueinander etwa in einem Meter Entfernung zueinander auf. Einer von euch ist Person A, der andere B. Um zu entdecken, wie einfach und wie natürlich das Segnen ist, sendet nun A aus seinem Herzen seinen Segen zu B. Dabei kann A sich vorstellen, wie ein Strahl von Licht von seinem zum Herzen von B fließt. Ihr steht beide ganz entspannt, mit geschlossenen Augen, A ist der Sender und B der Empfänger. Ihr tut sonst nichts, außer den Segen zu schenken und den Segen zu empfangen. Was fühlt ihr dabei? Beendet die Übung nach ein paar Minuten und tauscht eure Erfahrungen aus. Dann wechseln A und B die Rollen.

Diese Übung mache ich gern auf meinen Vorträgen, und es ist mir auch hier noch einmal wichtig zu sagen: Jeder kann segnen. Man muss es nicht erlernen. Ganz bewusst führe ich vor dieser Übung keine Entspannungsreise oder Herzöffnung mit den Teilnehmern durch. Niemand soll denken, beim Segnen müsse man sich vorbereiten oder lange meditieren. Jeder kann es. Jeder kann es sofort. Und jeder spürt etwas dabei. Auch wenn es anfangs fremd und neu für dich sein mag. Sei selbst der Segen, den du dir wünschst für diese Welt! Wie lautet dein Segen? Probiere es doch gleich mal aus!

Danke für die Lieferung: Mit dem Buch *Die Wunderkraft des Segnens* sind gleich zwei Lieferungen an mich verbunden. Zum einen habe ich bereits seit Jahren für ein Bändchen geworben, das man am Arm trägt und das einen als Anker daran erinnert, mit dem Schimpfen und Klagen aufzuhören. Immer wenn ich merke, dass ich über jemanden oder etwas schimpfe, wechsle ich das Band ans andere Armgelenk. Ziel ist, drei Wochen lang das Band am gleichen Handgelenk zu tragen. Dann habe ich drei Wochen nicht geschimpft und geklagt.

Ich hatte mir gewünscht, ein eigenes Bändchen zu finden, und dieses liegt nun dem Segensbuch bei. Es trägt die Aufschrift »Ich segne das Leben« und geht einen Schritt weiter: Immer wenn ich mich beim Klagen erwische, frage ich mich: »Und was will ich denn wirklich?«, und genau das segne ich dann. Auf dass es sich baldigst erfüllen möge.

Die zweite Lieferung besteht darin, dass die Leser des Segensbuches das Bändchen gleich dazu erhalten. Im Vorfeld gab es Diskussionen, ob denn das Buch nicht doch lieber ohne Band herausgegeben werden sollte. Mein Wunsch war jedoch, dass beides aneinandergekoppelt ist – und er hat sich erfüllt.

———————— ———————— ————————

# 13

## Sich führen lassen

> *Die ganze Mannigfaltigkeit, der ganze Reiz und die ganze Schönheit des Lebens setzen sich aus Licht und Schatten zusammen.*
>
> Leo Tolstoi

*In ihrer höchsten Stufe führt mich meine wachsende Akzeptanz schließlich dazu, mit meinem Leben ganz zu verschmelzen. Statt weiterhin gegen die Unbill meines scheinbar so willkürlichen Schicksals zu rebellieren, nehme ich es plötzlich immer mehr an. Dort, wo ich früher immer nur dagegen war, habe ich langsam, aber stetig gewagt, meine Ablehnung loszulassen. Damit eröffnet sich mir der neue Weg, meiner inneren Führung immer vertrauensvoller und zuversichtlicher zu folgen. Ich integriere meinen Schatten und stelle überrascht fest: Dort, wo ich früher selbst noch Schüler war, folgen mir nun mit einem Mal andere. Ohne es zu bemerken, bin ich zum Lehrer geworden. Ich werde zum Vorbild, weil ich meinen eigenen Weg entdeckt habe. Alles, was ich von nun an geliefert bekomme, nehme ich dankbar und mit Freude an: das Gute wie das Schlechte.*

Das Universum liefert mir in jedem Moment. Manche dieser Lieferungen nehme ich dankbar an, bei anderen aber mucke ich auf und stelle mich dagegen. Dort, wo ich Menschen und Dinge meines Lebens ablehne, stelle ich mich gegen das Leben. Und, um zum Anfang dieses Buches zurückzukehren und den Kreis zu schließen: Dort, wo ich ablehne, lehne ich mich selber ab.

Der Schatten, den ich nur allzu gern auf mein Gegenüber projiziere, ist mein eigener, dessen darf ich mir gewiss sein. Im Spiegel des anderen sehe ich mich immer nur selbst. Natürlich steht es mir frei, zeit meines Lebens nach Drachen zu suchen und gegen sie zu kämpfen. Gewinnen werde ich aber erst, wenn ich diese Dämonen als Ausgeburten meiner eigenen Projektionen erkenne. Der Frieden in meiner Welt wird sich in genau dem Moment einstellen, wo es mir gelingt, meine inneren Konflikte zu bereinigen.

Die Schuld, die ich für so manches in meinem Leben bisher Eltern, Partnern, Vorgesetzten oder auch dem Universum zugeschoben habe, trage ich nun selbst. Statt weiterhin Opfer meiner Umstände zu bleiben, werde ich nun verantwortlich für mich selbst. Das bedeutet nicht, dass ich gleich so weit gehen muss, mir die Schuld für jeden Schnupfen oder jedes Problem in meinem Leben selbst zuzuschreiben. Ja, es stimmt, ich bin mit dem Universum verbunden, ich bin mit ihm untrennbar in Kontakt, aber ich bin nicht das Universum. Ich bin nur ein Teil davon. Und wenn es gut läuft, wenn ich in Einklang mit dem Universum stehe, dann erfüllt es mir dabei auch meine Wünsche. Diese Augenblicke sind mir möglich, wenn ich ganz akzeptiere und in Liebe und Dankbarkeit bin. Es sind zunächst nur Momentaufnahmen, die mir mit ein wenig Übung dann immer häufiger gelingen. Aber dieser Kontakt reißt im Alltag immer wieder ab, und den Großteil meines Lebens fühle ich mich nicht mit dem Universum verbunden. Dazu sind meine Ablehnungen einfach noch zu umfangreich.

Ein weit verbreitetes Missverständnis besteht darin zu denken: Na, wenn ich doch Teil des Universums und untrennbar mit ihm verbunden bin, müssen doch eigentlich all meine Bestellungen jetzt und sofort geliefert werden. Tja, die Erfahrung lehrt wohl jeden von uns früher oder später, dass dies nicht so ist. Das, was mir geliefert wird, dient einem höheren, göttlichen Zweck, der weit von dem entfernt ist, was mein Ego sich gerade wünscht. Um es einmal ganz plastisch zu sagen: So wie ich meine Kinder als Vater erziehe, so erzieht mich auch das Universum. Das gefällt mir zwar manchmal nicht sonderlich – genau wie pubertierende Kinder es nicht mögen, erzogen zu werden –, aber es ist eben wichtig, um die Regeln des Lebens zu erlernen. Genauso wenig, wie mein Sohn oder meine Tochter sagen können, sie hätten die väterlichen Vorgaben selbst bestimmt oder gewünscht, kann ich als Erwachsener behaupten, alles, was mir geschieht, sei mir selbst zuzuschreiben. Das hat etwas Entlastendes: Ich muss mir für bestimmte Dinge in meinem Leben nicht die Schuld geben. Ich sollte sie aber auch nicht meinem Universum oder meinem Gott zuschieben.

Verantwortung für mein Leben zu übernehmen heißt in meiner Deutung darum, mich der Führung durch das Universum anzuvertrauen. Erwachsen zu werden in diesem Sinne meint, die kindliche Rebellion gegen alles, was mir an meinem Leben nicht gefällt, endlich loszulassen. Denn es ist ein unsinniger Kampf. Ein Kampf, der nur meinem persönlichen Irrtum entsprungen sein kann, das Leben sei gegen mich und das Schicksal meine es nicht gut mit mir.

Wenn ich annehmen lerne, mache ich stattdessen das Universum zu meinem besten Freund. Der Himmel meint es gut mit mir. Das ist es ja auch, was ich mir als Vater am meisten wünsche, wenn ich meine Zwillinge nach bestem Wissen und Gewissen anleite, durch ihr Leben zu gehen. Und ich bin mir sicher, das ist auch der tiefste Wunsch meines Gottes.

Verantwortlich für mein Leben zu werden bedeutet darum: Keiner trägt mehr Schuld. Weder der Himmel noch ich selbst. Ich nehme in Demut und Dankbarkeit an, was der Himmel mir als Herausforderung gerade stellt, und akzeptiere es. Ich mache das Beste daraus und vertraue voller Zuversicht darauf, dass es eine gute Lösung für alle Beteiligten geben wird. Meine wachsende Akzeptanz stellt mir die schier unbegrenzten Möglichkeiten des Universums zur Verfügung. Statt in eine trotzige Abwehrhaltung zu verfallen, bleibe ich im kosmischen Spiel.

Akzeptanz integriert die Schatten, die ich auf andere übertrage und die sich vor allem um das Thema Schuld drehen. Ich bekomme die Gewissheit, ein geliebtes Kind meiner Schöpfung zu sein. Was auch immer mir vom Universum geliefert wird, ich nehme es dankbar an und stelle mich ihm. Ich frage mich dabei immer häufiger: Was soll ich daraus lernen? Wie kann ich daran wachsen? Und auf welchen Weg möchte mich meine himmlische Führung damit stupsen?

> Akzeptanz baut die Mauern ab, die meine
> Ablehnung errichtet hat, und bringt mich
> auf den Weg meiner Führung.

Vor kurzem fragte mich eine Frau namens Sybille, wie sie mit ihrer großen Ablehnung gegen Lärm umgehen solle. Sie wohnt neben einem Unternehmen, das mit den Jahren immer mehr gewachsen ist. Nun ist ein Lärmproblem entstanden. Das Umweltamt sagt, die Geräusche lägen noch im zulässigen Bereich. Aber Sybille nervt es sehr, nun jeden Werktag zwischen 6.30 und 17.00 Uhr von der Fabrik beschallt zu werden. Sie liebt die Ruhe und lehnt Lärm offensichtlich völlig ab. Was könne sie nur tun, will sie von mir wissen?

Ich frage also mein Herz mit Hilfe der doppelten Verständnistechnik: Wenn ich mir so eine Situation erschaffen hätte, was wäre der tiefere Sinn dahinter? Und ich fand die Antwort: »Ich würde durch diesen Lärm lernen wollen, meinen Schatten anzunehmen. Denn mein Ideal ist das reine Licht, und darum mag ich den Schatten überhaupt nicht. Aber warum hat Gott dann den Schatten erfunden, wenn doch allein das Licht so wunderbar ist? Weil ich das Licht nicht mehr schätze, wenn es den Schatten nicht gäbe. Nur im Licht zu sein bedeutet, den Unterschied nicht mehr spüren zu können. Nur im Licht zu sein, gewöhnt mich zu sehr an das Licht. Und schon bald könnte ich es nicht mehr wertschätzen.

Darum gibt es in der Dualität Licht und Schatten. Gut und schlecht sind nur meine Bewertungen für etwas sehr Natürliches, ohne das unsere Welt nicht existieren könnte: den Gegensatz. Licht kann ich als Mensch nur wirklich annehmen, wenn ich auch den Schatten dazu habe und erkenne, wie es ohne Licht ist. Im Fall von Sybille ist dieser Schatten der Lärm: Wie schön sind doch stattdessen Ruhe und Frieden. Ach, wäre es toll, wenn alles immer nur harmonisch, lieb und nett wäre. Aber wenn immer Ruhe wäre, würde Sybille auf Dauer wahrscheinlich gar nicht mehr bemerken, was für ein großes Geschenk Ruhe tatsächlich ist.

Was kann Sybille denn nun aber konkret tun? Sie kann denjenigen Teil in sich lieben lernen, der in Verbindung damit steht, dass es Lärm um sie gibt. Sie kann sich beispielsweise sagen: »Ich liebe den Teil in mir, der mit Lärm korrespondiert. Ich liebe meinen Teil, der dazu geführt hat, dass in meinem Leben von 6.30 Uhr bis 17.00 Uhr Lärm vorherrscht. Ich nehme diesen Teil in mein Herz. Ich akzeptiere ihn ganz. Es ist mein Problem, mit Lärm nicht umgehen zu können. Ich liebe dieses Problem. Wenn ich es im Inneren angenommen und geheilt habe, wird sich auch das Außen verbessern und zum

Guten verändern. Ich nehme meine Rebellion gegen Lärm in mein Herz. Ich nehme meine Ablehnung gegen Lärm in mein Herz. Ich nehme meine Meinung, dass alles immer ruhig und still sein soll, in mein Herz. Ich komme in Frieden auch mit dem Lärm. Der äußere Lärm symbolisiert nur meinen inneren Unfrieden, der immer dann angesprochen wird, wenn sich in meinem Außen Unruhe und Lärm zeigen. Wäre ich ganz in meiner Mitte und in meinem Frieden, der äußere Lärm könnte mich nicht daraus vertreiben.

Ich danke dem Lärm. Ich sage dem Lärm Danke dafür, dass er mir zeigt, wo ich selbst noch innerlich zu wenig in meine tiefste Stille gefunden habe. Ich danke dem Lärm, dass er mir meine Ablehnung gegen ihn bewusst macht.«

Heute ist Akzeptanz für mich eines der wichtigsten Kriterien geworden, an dem ich mein persönliches Wachstum festmache. Probleme wie das von Sybille habe ich auch immer wieder, in kleinerem oder größerem Maßstab. Sie fordern mich in immer neuer Weise dazu auf, achtsam zu sein und innezuhalten. Sie zeigen mir, wie gut es mir bereits gelingt, bei mir zu bleiben und immer häufiger die innere Ruhe zu bewahren.

Akzeptieren zu lernen bedeutet: Das Leben ist eben so. Es ist, wie es ist. Auf meinem Schreibtisch steht als Erinnerung eine Karte, die mir eine liebe Freundin geschenkt hat. Darauf ist auf Schwäbisch zu lesen: »S'isch so, wie s'isch.« Es muss nicht anders sein. Sicher, es könnte zweifellos oftmals besser sein. Besser geht es immer. Denn als Menschen (und als Universum, dessen schöpferischer Teil wir nun mal sind) sind wir offensichtlich so konzipiert, uns in bessere Umstände und eine bessere Welt hinein zu bewegen. Wir spüren, wann etwas »noch besser« sein könnte. Das ist Teil unserer Existenz. Aber um wirklich etwas zum Besseren zu verändern, braucht es häufig einfach nur ein wenig mehr Akzeptanz. Daraus erst kann dann nachfolgend das Neue und Bessere entstehen.

Menschen, die Akzeptanz bereits in hohem Maße verkörpern, werden darum rasch auch zu Lehrern für andere. Sie werden zu Vorbildern, an denen sich andere nur allzu gern orientieren. Doch auch beim besten Lehrer gilt es, das Allzu-Menschliche zu akzeptieren. Auch der beste Lehrer ist nicht vollkommen.

Ich selbst durfte bereits mehrmals in meinem Leben Kontakt zu den verschiedensten Lehrern und Therapeuten aufnehmen, die plötzlich alles daran setzten, mir ein wie auch immer gelagertes Problem anzudichten. Es war dann für mich extrem spannend, mich aus der »Obhut« des jeweiligen Lehrers wieder herauszuschälen. Es ging dann nicht etwa darum, die von diesem »Helfer« vorgeschlagenen Lösungen anzunehmen. Sondern ganz im Gegenteil darum, stattdessen meine eigene Meinung zu entdecken, wichtig zu nehmen und schließlich sogar so viel Selbstverantwortung an den Tag zu legen, dass ich den Mumm aufbringen konnte, meine Sichtweise als richtiger und besser als die meines Lehrers anzunehmen. Dieser Moment der Loslösung ist der vielleicht wichtigste im Lehrer-Schüler-Verhältnis. Der Augenblick, in dem ich erkenne und akzeptiere: Hier löse ich mich von meinem Lehrer, denn ich bin mein eigener Lehrer geworden. Ich gehe meinen Weg nun allein und watschle anderen nicht mehr in blindem Vertrauen hinterher.

Denn jeder Lehrer, Coach, Trainer (oder eben auch Autor …) kann seine Schüler (oder Leser) nur so weit auf ihren eigenen Weg geleiten, wie er selbst bereits seinen Weg gegangen ist. Ein Problem, das der Lehrer für sich selbst nicht erkannt oder gelöst hat, kann er selbstredend auch nicht bei seinem Schüler erkennen oder lösen. Stattdessen projiziert er es möglicherweise auf den Schüler. Darum geht es, wenn man bei anderen Rat sucht, manchmal um etwas ganz anderes, als man vordergründig dachte. Manchmal lernt man dabei sogar, sich vom Lehrer und dessen Meinung abzugrenzen. Dabei lernt man auch etwas, was vielleicht noch wichtiger ist: Selbstverantwortung.

**Ich kann einen anderen Menschen nur so weit auf seinen Weg bringen, wie ich meinen eigenen Weg bereits gefunden habe.**

Danke für die Lieferung: Ein aktuelles Problem und seine Lösung haben mit meiner Tochter und ihrem innigen Wunsch nach einem Hund zu tun.

Im ersten Schritt überlegte ich hin und her und musste zunächst schweren Herzens akzeptieren: Nein, leider kann ich meiner Tochter im Moment keinen Hund kaufen. Wir reisen viel zu viel und könnten ihn nicht immer mitnehmen. Jemand muss ihn Gassi führen, und wie mir zahlreiche Erfahrungen mit Freunden und Nachbarn zeigen, würde dies zumeist an mir hängenbleiben. Dafür fehlt mir jedoch einfach die Zeit. Es wäre, und das wird jeder Hundenarr mir bestätigen, gerade am Anfang in etwa so, wie ein drittes Kind zu haben. Nochmals Papa für einen Welpen zu werden, war mir einfach zu viel.

Ich redete darum liebevoll mit meiner Tochter und sagte ihr, wie es ausschaut und dass ich ihr ihren größten Wunsch momentan nicht erfüllen könne. Das erforderte natürlich zunächst von Seiten meiner Tochter Akzeptanz. Aber auch für mich war es nicht so leicht zu schlucken, in Bezug auf diesen Wunsch ein »Rabenvater« zu sein. Darum wünschte ich mir eine Lösung beim Universum.

Die Lieferung ist inzwischen eingetroffen. Und sie sieht folgendermaßen aus: Meine Tochter absolviert in ihrer Montessori-Schule zweimal im Schuljahr ein Praktikum. Also wählte sie eine Woche in einer Hundeschule für sich aus. Der Hundetrainer war sehr nett und erzählte ihr, dass vier von zehn Hundebesitzern seiner Erfahrung nach keinen Hund mehr wollen würden, wenn sie vorher mit ihm das Gespräch gesucht hätten. Zum Leben mit Hund gehören nämlich neben dem mehrmaligen Gassi-Gehen pro Tag auch Pflege und Tierarzt und vor allem auch ein gutes Training im ersten Lebensjahr, damit nicht der Hund zum Herrchen wird. Meine Tochter lernte also im Praktikum, was ein Hund so alles braucht, und sie erfuhr dabei nach und nach, welche Verantwortung solch ein Tier mit sich bringt. Inzwischen versteht sie langsam, dass ein Hund viel mehr Arbeit macht als die Zwergkaninchen, die wir viele Jahre hatten (und die Papa betreuen durfte). Er macht aber, zugegeben, auch viel mehr Freude.

Meine Tochter lernt nun auch, dass das Leben nun einmal oft nicht so ist wie in unserer Idealvorstellung. Das ist sicher eine große Enttäuschung für sie. Aber auch das gilt es zu akzeptieren. Ideale sind gut, um Ziele zu entdecken oder auch insgeheime Wünsche. Immer sind Ideale aber nicht von dieser Welt. Sie entspringen dem Traumhimmel unseres Denkens. Die reale Welt, unsere Wirklichkeit, ist aber voller Fehler und Mängel. So wie auch wir als Menschen. Wir sind nun einmal nicht perfekt. Meine Tochter denkt vielleicht, ihr Papa ist nicht vollkommen. Und das ist gut so. Auch das lernt sie nun, ihrem Alter entsprechend, für sich zu entdecken: Papa hat auch Fehler. Und im Anerkennen und Sich-Versöhnen mit diesem Umstand lernt sie irgendwann dann schließlich, auch ihre eigenen Fehler anzunehmen. Es wäre ein Problem, wenn ich zeit meines Lebens versuchen würde, der »perfekte« Vater zu sein. Wenn ich meiner Tochter zeige, dass ich mich auch mit meinen Fehlern akzeptiere, dann bewahre ich sie hoffentlich davor, später selbst immer perfekt sein zu wollen.

Das Praktikum in der Hundeschule war aber nur die erste Lieferung. Das Universum ist ja bekanntlich unendlich kreativ.

Die Sache ging nämlich noch weiter. Wir leben in einer kleinen Wohnanlage, und dort gibt es einige Hunde, mit denen meine Tochter, wann immer sie möchte, spazieren gehen kann. Des Öfteren besuchen wir Freunde, die einen Hund haben. Als Ausgleich für einen eigenen Hund habe ich meiner Tochter erlaubt, im nahegelegenen Gestüt reiten zu lernen, und sie ist glücklich dabei. Es gibt auch Nachbarskatzen, die bei uns ein und aus gehen und gestreichelt werden wollen. So bekommt meine Tochter schließlich doch, in dem uns möglichen Rahmen, was sie möchte. Das ganze Leben ist nun einmal ein Kompromiss. Auch das gilt es, im Frieden meines Herzen anzunehmen und mich mit den Umständen zu versöhnen.

# Nachwort

## Über die Liebe und das Bestellen

> *Denn nur von innen kommt der*
> *Segen. Und nur die Liebe bringet*
> *Rast. Je größer der Mann, desto*
> *tiefer seine Liebe.*
>
> Leonardo da Vinci

*Warum befinde ich mich auf dieser Welt? Was ist mein Sinn, hier auf diesem Planeten? Vielleicht geht es bei dieser Frage aller Fragen nicht darum, sie wirklich zu beantworten. Sondern vielmehr darum, diese Frage im Herzen zu tragen und somit im Herzen zu sein. Überall dort, wo mein Kopf sich zu sehr anstrengen will, würde es meinem Herzen gelingen, zu lieben und zu akzeptieren. Wo mein Verstand mich auf Distanz bringt, kann meine Liebe mich verbinden. Wo mein Kopf unentwegt Widerstände entdeckt, kann mein Herz mir erlauben, neue, unerwartete Lösungen zu finden. Bestellungen funktionieren dort am besten, wo ich in Liebe und Akzeptanz bin. Mit dieser inneren Haltung wird auch mein Leben leichter, und ich kann mich seinem Fluss anvertrauen.*

Dass eine Bestellung beim Universum geliefert wird, ist das selbstverständlichste und natürlichste Geschehen auf dieser Welt. Natürlich sind wir als Kinder des Universums gleichermaßen Kinder des Himmels wie der Erde. Wie sollte das auch anders sein? Warum zweifeln wir immer wieder daran? Warum streiten sich die Pro- und die Contra-Parteien in Sachen Bestellen beim Universum dann so heftig um dessen Existenz und Möglichkeit?

Weil wir vergessen haben, dass wir Kinder der Schöpfung sind. Weil wir aus dem Himmel gefallen sind, als wir Mensch und Körper wurden. Weil wir dabei von unserer Seelenebene getrennt wurden, die sich noch erinnert, wer wir wirklich sind. Weil unser Verstand eben verstehen möchte und doch so ganz und gar nicht begreifen kann, wer wir wirklich sind: Kinder des Universums.

So verstehen wir alle unsere Welt nicht wirklich. Wir fühlen uns getrennt von ihr, weil wir in uns selbst abgetrennt sind von dem kosmischen, schöpferischen, seelischen Teil, der uns auch ausmacht und der wir immer sein werden. Wir verleugnen unsere Abstammung und hadern mit unserer Existenz. Wir suchen nach einem Sinn unseres Daseins und finden doch keinen. Vielleicht gibt es gar keinen Sinn, der rein mit dem Verstand zu entschlüsseln wäre? Vielleicht ist die Frage, wer wir sind, in sich schon falsch gestellt? Vielleicht *sind* wir ja einfach nur. Punkt. Würde das nicht schon ausreichen? Wer, welche Instanz in uns, braucht denn bitteschön eine Begründung? Welcher Teil von mir zweifelt so sehr an seiner Existenzberechtigung, dass er eine Legitimation selbst dafür braucht, am Leben und auf dieser Erde sein zu dürfen? Unsere Seelenebene ganz sicher nicht. Die hält sich vermutlich den Bauch vor Lachen über solch unsinnige Anstrengungen.

Denn es strengt natürlich ungemein an, immer unter dem Stress zu stehen, sein eigenes Dasein auf dieser Welt legitimieren zu müssen. Etwas darstellen zu müssen, ständig etwas aufzubauen, immer etwas erreichen zu wollen. Da bricht mir schon beim Aufzählen der kalte Schweiß aus.

Für mich ist die innere Trennung, die wir von unserer Seelenebene vollzogen haben, auch die Begründung für die große und doch unbewusste Schuld, die wir in uns tragen. Die Kirche hat ein Wort dafür, sie nennt es Erbsünde. Weil wir uns schuldig fühlen, müssen wir etwas leisten, etwas machen, etwas sein.

Wir sind wohl dem Irrtum verfallen, nicht richtig, nicht gut und nicht liebenswert zu sein. Nur allzu gern projizieren wir diese Schuld auf andere, die uns dann ebenfalls mangelhaft und nicht gut genug erscheinen. Das kann mein Chef, mein Partner, das Wetter oder das Universum an sich sein. Auch die Instanz »Gott« bleibt davon nicht verschont.

Hat der Mensch, wenn er denn so schuldig ist, überhaupt das Recht, sich etwas zu wünschen? Wäre das nicht vermessen? Und sollten wir stattdessen dann nicht lieber büßen? Denn, wer weiß – vielleicht werden wir für unser Wünschen dann noch bestraft mit etwas, das unsere Last nur noch größer macht? Solche Überlegungen resultieren aus unserem immerwährenden Denken, nicht richtig und grundlegend schlecht zu sein.

Es wäre vielleicht besser, wenn wir uns nicht so sehr den Kopf zerbrechen würden. Manches kann man vielleicht gar nicht wirklich verstehen. Aber man kann lernen, immer mehr im eigenen Leben so anzunehmen und zu akzeptieren, wie es ist. Ich kann lernen, mich selbst zu lieben, andere Menschen, und am Ende vielleicht sogar das Universum. Das würde mich sicher dem Zustand näher bringen, den ich mir als Seele für dieses Leben vorgenommen habe, als das dauernde Kopfzerbrechen über alles und jedes. Ein schönes Motto könnte darum für mich werden:

**Nicht so viel denken, besser viel mehr lieben!**

Genau darum ist Bestellen so wichtig. Es bringt uns zurück zu dem, was wir sind. Liebe ist Akzeptanz, und Akzeptanz ist Liebe. Wenn wir in die Liebe finden, dann integrieren wir auch den seelischen Teil, der in uns schlummert. Wir wecken ihn auf, akzeptieren ihn und damit auch uns. Wir finden zu dem, was wir wirklich sind. Bestellungen funktionieren, um uns zu zeigen: Es gibt sie doch, meine Verbindung zur Schöpfung. Wir selbst haben in uns die Möglichkeit, schöpferisch zu sein. Bestellen hilft uns, diese unsere ureigene Art endlich zu akzeptieren. Wir finden dabei hin zu dem, was wir wirklich sind.

Und dabei finden wir in die Liebe. Die Liebe zu uns selbst und die Liebe zum Universum. Wir finden zurück zu dem, was wir sind und was unser Ursprung ist: Liebe. Denn nur die Liebe kann die Liebe sehen.

Akzeptieren wir uns, schmilzt unsere Schuld. Wir sind gut. Wir müssen nichts tun. Wir sind. Das allein reicht dann aus. Wir dürfen sein. Wir dürfen so sein, wie wir sind. Wir dürfen uns auch etwas wünschen.

Akzeptanz bringt uns gewissermaßen den Himmel auf die Erde. Wir finden unser eigenes Paradies.

Akzeptanz ist die Kraft, die uns mit der Schöpfung ganz verbindet. Daraus ergibt sich der Satz: »Die größte Fähigkeit zur Veränderung eines Zustandes resultiert daraus, ihn ganz zu akzeptieren.« Ich will dann gar nichts mehr ändern, und alles ist gut, wie es ist. Auf diese Weise werde ich zum Instrument der Schöpfung. So wie das Universum aus dem reinen Wunsch entstanden ist: »Es sei!«, so lasse auch ich als Werkzeug des Himmels meine Kraft zum Guten wirken. Ich bestelle dann immer zum Besten für die Welt. Und vielleicht finde ich dann auch eine Antwort darauf, warum ich hier bin. So ganz nebenbei.

**Gemäß dem Prinzip, nach dem eine Bestellung geliefert wird, funktioniert auch das Leben.**

Dieses Prinzip liegt in meiner inneren Haltung verborgen. Gegenüber mir selbst, dem anderen Menschen wie auch dem Leben als solchem. Ich kann diese Haltung Selbstliebe, Nächstenliebe oder Liebe zu Gott nennen. Im Grunde sind sie alle eins. Durch meine innere Einstellung vermag ich die Türen des Himmels zu öffnen, aber eben auch verschließen. Übe ich mich in Akzeptanz und Liebe, wird eine Bestellung viel eher geliefert. Dann wird mein Leben leichter. Ich beende meinen ständigen Kampf und werde gelassener. Es gelingt mir dann immer häufiger, mich vom Universum beschenken zu lassen. »Die Liebe ist der Liebe Preis«, sagte Schiller. Der Reichtum des Lebens ist weniger im unablässigen Tun zu entdecken, als vielmehr im akzeptierenden Sein. Viel mehr im Lieben als im Denken.

In Verbundenheit
Manfred Mohr

# Anhang

## Das Wichtigste im Überblick

Zur besseren Übersicht hier noch einmal alle zentralen Aussagen dieses Buches auf einen Blick:

1. Was ich aussende, erhalte ich zurück. Im Guten wie im Schlechten.
2. Dort, wo ich ablehne, lehne ich mich selbst ab.
3. Ich muss nichts verändern außer meiner Einstellung dem Universum gegenüber. Und damit ändert sich alles für mich!
4. Die Trennung vom Universum, die ich verspüre, beruht auf einer Trennung von mir selbst.
5. Weil ich das Gefühl habe, selbst nicht in Ordnung zu sein, erlebe ich auch das Universum so.
6. In einer unbewusst gesteuerten Weise sehe ich mich immer nur selbst.
7. Nur die Liebe kann die Liebe sehen.
8. Der Fehler im Außen ist nur der Spiegel meines inneren Fehlers in mir selbst.
9. Ich kann andere erst dann wirklich lieben, wenn ich gelernt habe, mich selbst anzunehmen und zu akzeptieren.

10. Nehme ich mich an, so wie ich bin, strahle ich Glück, Zufriedenheit und Schönheit aus.

11. Ein äußeres Hindernis ist in Wahrheit nur Ausdruck meiner inneren Beschränkung.

12. Jede Veränderung in meinem Leben kann nur aus mir selbst entspringen.

13. Dort, wo ich ablehne, kämpfe ich gegen mich selbst.

14. Um etwas verändern zu können, muss ich es zuerst akzeptieren.

15. Ein äußeres Problem ist ursächlich ein inneres Problem von mir selbst.

16. Es steht mir in jedem Augenblick frei, meine Wahl zwischen Akzeptanz oder Ablehnung zu treffen.

17. Das, was ich anderen Menschen gebe, gebe ich mir selbst.

18. Die Haltung, die ich dem Leben gegenüber einnehme, nimmt das Leben auch mir gegenüber ein.

19. So, wie ich über andere Menschen und das Leben denke, denke ich auch über mich.

20. Akzeptanz schöpft aus der Fülle des Universums, Ablehnung verschließt diese Quelle vor mir.

21. Das, was mir beim anderen fehlt, ist das, was ich selbst zu geben habe.

22. Akzeptanz baut die Mauern ab, die meine Ablehnung errichtet hat, und bringt mich auf den Weg meiner Führung.

23. Ich kann einen anderen Menschen nur so weit auf seinen Weg bringen, wie ich meinen eigenen Weg bereits gefunden habe.
24. Nicht so viel denken, besser viel mehr lieben!
25. Gemäß dem Prinzip, nach dem eine Bestellung geliefert wird, funktioniert auch das Leben.

## Die Übungen in diesem Buch

1. Die Liste der Überheblichkeit
2. Wo hatte ich schon einmal Glück?
3. Mein Traumpartner im Laufe der Zeit
4. Wie kann ich mein Problem in mein Herz nehmen?
5. Warum ist mein Körper ein Geschenk?
6. Meine Mängelliste
7. Das Füllhorn der Natur
8. Welche Art Mensch lehne ich ab?
9. Die Herzenstechnik
10. Die doppelte Verständnistechnik
11. Akzeptieren lernen
12. Mein Gedanken-Tagebuch
13. Alles ist besser als Lästern
14. Segnen

## Literatur

Robert Frost: The Road Not Taken. http://www.poemhunter.
com/robert-frost/ (Eine schöne deutsche Übersetzung findet
sich auf http://www.william-wordsworth.de/frost/the%20
Road%20not%20Taken.html)

Nabuo Shioya: Der Jungbrunnen des Dr. Shioya. Burgrain
(Koha) 2006

*Bücher, Hörbücher und DVDs von Manfred Mohr*

Die fünf Tore zum Herzen. Burgrain (Koha) 2011

Die Kunst der Leichtigkeit. Berlin (Ullstein) 2011

Das Wunder der Dankbarkeit. München (Gräfe und Unzer)
2012

Das kleine Buch vom Hoppen. Darmstadt (Schirner) 2013

Das Wunder der Selbstliebe – Ein Jahresbegleiter auf dem
Weg zu deinem Herzen, Tischaufsteller. München (Gräfe
und Unzer) 2013

Das Wunder der Dankbarkeit, Hörbuch. Berlin (Argon) 2013

Verzeih Dir! Die schönsten Meditationen, um Frieden mit
sich selbst und anderen zu schließen, Hörbuch. Berlin (Ullstein) 2014

Verzeih Dir! Inneren und äußeren Frieden finden mit Hooponopono. Berlin (Ullstein) 2014

Weiterleben ohne dich. München (Nymphenburger) 2014

Das Wunder der Selbstliebe, DVD. München (Nymphenburger) 2014

Mit dem Herzen segnen. Burgrain (Koha) 2014

Bestellung nicht angekommen – die größten Irrtümer beim Wünschen. München (Goldmann) 2014

Die Wunderkraft des Segnens. München (Nymphenburger) 2015

Wunschkalender 2016 (mit Pierre Franckh). Burgrain (Koha) 2015

In 30 Tagen hoppen lernen. Bramberg (Lebensbaum Verlag) 2015

Dieses Buch gibt es auch als App für das Smartphone. Näheres unter www.mohr.momanda.de

## Gedichte von Manfred Mohr

Gedichte, die das Herz berühren. Regensburg (ri-wei) 2009

Dein Herz hat einen Namen. Regensburg (ri-wei) 2010

## Bücher von Bärbel und Manfred Mohr

Fühle mit dem Herzen und du wirst deinem Leben begegnen. Burgrain (Koha) 2007

Cosmic Ordering – die neue Dimension der Realitätsgestaltung. Burgrain (Koha) 2008

Bestellungen aus dem Herzen. Aachen (Omega) 2010

Das Wunder der Selbstliebe. München (Gräfe und Unzer) 2011

Hooponopono – eine Herzenstechnik für Heilung und Vergebung. Burgrain (Koha) 2014

*Bücher von Bärbel Mohr (Auswahl)*

Bestellungen beim Universum. Aachen (Omega) 1998

Der kosmische Bestellservice. Aachen (Omega) 1999

Universum und Co. Aachen (Omega) 2000

Reklamationen beim Universum. Aachen (Omega) 2001

Jokerkarten für das Bestellen beim Universum. Aachen (Omega) 2004

Übungsbuch für Bestellungen beim Universum. Aachen (Omega) 2006

*Ausbildung zum Coach für positive Realitätsgestaltung*

In jedem Jahr bietet Manfred Mohr die Ausbildung zum »Coach für positive Realitätsgestaltung« an. Sie wendet sich an alle, die intensive Versöhnungsarbeit auf lockere und leichte Weise üben möchten. Das Segnen, das Bestellen wie auch das hawaiianische Hooponopono sind wesentliche Bestandteile der Ausbildung. An vier Wochenenden werden folgende vier Schwerpunktthemen behandelt:

- meine Beziehung zu mir selbst: Selbstliebe,
- meine Beziehung zu anderen: Selbstliebe und Partnerschaft,
- meine Beziehung zum Universum und zur Schöpfung: Selbstliebe und Wunscherfüllung.
- Heilung meiner Beziehungen: das hawaiianische Hooponopono.

Näheres dazu findet sich unter www.manfredmohr.de, Stichwort »Seminare«.

# Unsere Leseempfehlung

192 Seiten
Auch als E-Book
erhältlich

Es reicht nicht, nicht ablehnend zu sein, vielmehr liegt das eigentliche kosmische Wunschpotenzial in der absoluten Annahme. Vermeintliche Probleme sollten wir als versteckte Hinweise der Schöpfung verstehen. Die zentrale Frage lautet: „Warum geschieht mir das? Welche Lernaufgabe ist dahinter verborgen?" Wir können die Welt nicht verändern, wohl aber die Sichtweise auf sie. Und mit dieser veränderten Sichtweise ändert sich doch wiederum alles. Das zu entdecken und zu erfahren, erfordert ein hohes Maß an Akzeptanz und Liebe. Finden wir diese in uns, können wir beides sowohl nach außen tragen, als auch dort entdecken. Denn Ablehnung erzeugt Mangel, Annahme und Liebe erzeugen Fülle.

www.goldmann-verlag.de
www.facebook.com/goldmannverlag

 GOLDMANN
Lesen erleben

Um die ganze Welt des GOLDMANN
*Body, Mind & Spirit* Programms
kennenzulernen, besuchen Sie uns doch
im Internet unter:

# www.goldmann-verlag.de

*Dort können Sie*
nach weiteren interessanten Büchern *stöbern*,
Näheres über unsere *Autoren* erfahren,
in *Leseproben* blättern, alle *Termine* zu Lesungen und
Events finden und den *Newsletter* mit interessanten
Neuigkeiten, Gewinnspielen etc. abonnieren.

Ein *Gesamtverzeichnis* aller Goldmann Bücher finden
Sie dort ebenfalls.

Sehen Sie sich auch unsere *Videos* auf YouTube an und
werden Sie ein *Facebook*-Fan des Goldmann Verlags!

www.goldmann-verlag.de
www.facebook.com/goldmannverlag

 **GOLDMANN**
Lesen erleben